行者天下

去啊 北海道

到了就会爱上的300个热门旅游地

（韩）郑泰官 著　李芳丽　杨晓静 译

机械工业出版社
CHINA MACHINE PRESS

图书在版编目（CIP）数据

去啊北海道：到了就会爱上的300个热门旅游地 /（韩）郑泰官著；李芳丽，杨晓静译. — 北京：机械工业出版社，2016.3
（行者天下）
ISBN 978-7-111-53440-2

Ⅰ.①去… Ⅱ.①郑… ②李… ③杨… Ⅲ.①旅游指南－北海道 Ⅳ.①K931.39

中国版本图书馆CIP数据核字（2016）第067312号

机械工业出版社（北京市百万庄大街22号 邮政编码100037）
策划编辑：谢欣新 孟 幻 责任编辑：孟 幻
封面设计：吕凤英 责任校对：朱丽红
责任印制：李 洋
北京汇林印务有限公司印刷

2016年5月第1版 · 第1次印刷
126mm × 176mm · 9.25印张 · 398千字
标准书号：ISBN 978-7-111-53440-2
定价：49.80 元

凡购本书，如有缺页、倒页、脱页，由本社发行部调换
电话服务
服务咨询热线：（010）88361066
读者购书热线：（010）68326294
（010）88379203
网络服务
机工官网：www.cmpbook.com
机工官博：weibo.com/cmp1952
教育服务网：www.cmpedu.com
金书网：www.golden-book.com
封面无防伪标均为盗版

去啊

北海道

前 言

自本书2010年出版以来，虽然北海道作为旅游景点没有什么太大的变化，但是游客的出游类型稍有改变。相对于团体背包游，个人自助游的需求增加了。相比机票捆绑酒店式的形式，住高级温泉旅馆游和租车旅游等更为自由的旅游需求增加了。恰巧我近几年在公司（完美旅行社）负责日式温泉旅馆游业务，对于温泉旅馆的信息知道得比较详细，也较客观地收集了游客们的反馈。

在北海道交通局和日本国家旅游局的帮助下，我在北海道完成了租车游，与此同时决定要将轻松实现租车游的Mapcode（地图资料系统）也收录到书中。把租车游游客聚集的富良野、美瑛地区及道东地区等都在Mapcode上做了标记，相信能够更方便您的行程。

写第一版时，我认为在充满特色美食的北海道，无论走进哪一家餐馆都不会令人失望，所以没太在意餐馆信息。由于考虑到初次到北海道旅游的游客可能会需要这方面的信息，因此，这次的修订版中加入了在札幌、小樽、函馆等地虽然不是很有名，但是很具特色的一些餐馆信息。

在修订版中使用的大多数照片都来自韩国顶级的北海道专业摄影博客——TOMMY LEE的博客blog.naver.com/tlrevolution，在此表示感谢。同时感谢熟悉旭川机场亚细亚航空的航班和了解北海道风土人情并给了我很大帮助的完美旅行社金宇贤社长、出生于飘雪的冬天且数十年负责北海道背包旅行的顶级北海道旅游计调申雪景、多次进行北海道自助游和背包游的旅游界新秀郑东勋、提供给我登别温泉的充满感性的阎罗王照片的李政允、每次把旅行组织得有声有色让我收获颇多的负责人金慧英，以及喜欢黄色的1966号有轨电车并告诉我很多关于美瑛信息的爱小姐，在他们的帮助下修订版才能收录更真实的内容。

虽然在第一版时也曾表示过感谢，但是我要再次感谢一起陪同我去冰雪庆典的青年旅行社的金志勋、从九州到北海道陪同我游览的作家金美善、陪我去札幌工厂的朴珠妍、因为滑雪场没有咖啡店而感到不便的李德焕、几年前辞职移居美国的金亨允、去札幌蜜月旅行的陈基成。

此外，在结稿的时候由于照片不够，得到了很多博客博主们的帮助。具体有提供函馆和登别照片的高高的博客blog.naver.com/wkwmd81、提供札幌的凉爽夏天及旭山动物园照片的马利雅和太旭的teacosy.tistory.com、提供钏路湿原及东部地区照片的妄想K的博客blog.naver.com/todshrck、提供札幌的餐馆和手稻滑雪场照片的武神的博客blog.naver.com/mcvalkili、提供旭山动物园和东部地区照片的赤手空拳的博客blog.naver.com/redskai、提供主题旅行中自行车照片及原稿的真的有钱的博客blog.naver.com/jung14hoon、提供函馆的美丽的樱花和山丘照片的彼得彭克的博客blog.daum.net/peterpank。再次向他们表示感谢。

最后感谢一直以来鼓励我的父母、姐姐和姐夫、妻子和丹菲、永远的好友姜大国、日本旅游局的李朱贤组长、自助游团体79团、三星信用卡宣传大使们、裴道宇、京室长以及所有工作人员、弘大校花京妍等所有给予我帮助的人们。

郑泰官

读本书的方法

基本信息

包含北海道的地理位置和气候特点、特色饮食以及选购旅游纪念品的注意事项等旅游前需要了解的基本信息。

推荐旅游路线

参考旅游专业人士推荐的最佳线路，用心制定适合自己的旅游行程。

各地区旅游信息

包含北海道各城市的旅游信息。
主要收录游客参观北海道时必去的景点信息。

主题旅游

提供畅游北海道的方法，
分主题介绍北海道的景点和可玩的项目。

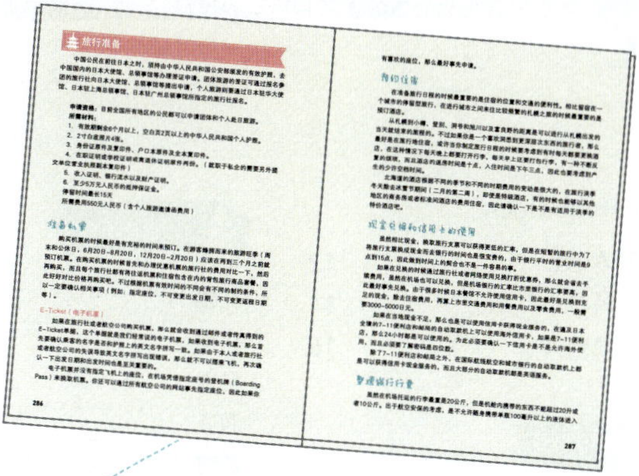
旅行准备

中国公民在前往日本之时，须持由中华人民共和国公安部颁发的有效护照，去中国国内的日本大使馆、总领事馆等办理签证申请。团体旅游的签证可通过报名参团的旅行社向日本大使馆、总领事馆等提出申请，个人旅游则要通过日本驻华大使馆、日本驻上海总领事馆、日本驻广州总领事馆所指定的旅行社报名。

申请资格：目前全国所有地区的公民都可以申请团体和个人赴日旅游。
所需材料：
1. 有效期剩余6个月以上，空白页2页以上的中华人民共和国个人护照。
2. 2寸白底照片4张。
3. 身份证原件及复印件、户口本原件及全本复印件。
4. 在职证明或学校证明或离退休证明原件两份。（就职于私企的需要另外提交单位营业执照副本复印件）
5. 收入证明、银行流水以及财产证明。
6. 至少5万元人民币的抵押保证金。
停留时间最长15天
所需费用550元人民币（含个人旅游邀请函费用）

准备机票

购买机票的时候最好是有充裕的时间来预订。在游客蜂拥而来的旅游旺季（周末和公休日，6月20日~8月20日，12月20日~2月20日）应该在两到三个月之前就预订机票。在购买机票的时候首先和办理优惠机票的旅行社的费用对比一下，然后再购买，而且每个旅行社都有将往返机票和住宿包含在内的背包旅行商品套餐，因此好好对比价格再购买吧。不过根据机票有效时间的不同会有不同的制约条件，所以一定要确认相关事项（例如：指定座位，不可变更出发日期，不可变更返程日期等）。

E-Ticket（电子机票）

如果在旅行社或者航空公司购买机票，那么就会收到通过邮件或者传真得到的E-Ticket单据，这个单据就是我们经常说的电子机票。如果收到电子机票，那么首先要确认乘客的名字是否和护照上的英文名字拼写一致。如果由于本人或者旅行社或者航空公司的失误导致英文名字拼写出现错误，那么就不可以搭乘飞机。再次确认一下出发日期和出发时间也是至关重要的。

电子机票并没有指定飞机上的座位，在机场凭借指定座号的登机牌（Boarding Pass）来换取机票。你还可以通过所有航空公司的网站事先指定座位，因此如果你

286

有喜欢的座位，那么最好事先申请。

预约住宿

在准备旅行日程的时候最重要的是住宿的位置和交通的便利性。相比留宿在一个城市的停留型旅行，在进行城市之间来往比较频繁的札幌之旅的时候最重要的是预订酒店。

从札幌到小樽、登别、洞爷和旭川以及富良野的距离是可以进行从札幌出发的当天就结束的旅程的。不过如果你是一个喜欢深思到更深层次东西的旅行者，那么最好是在旅行地住宿，或许当你制定旅行日程的时候要考虑到有时每天都要更换酒店，在这种情况下每天晚上都要打开行李，每天早上还要打包行李，有一种不断反复的烦琐，而且酒店的退房时间是十点，入住时间是下午三点，因此也要考虑到产生的少许空档时间。

北海道的酒店根据不同的季节和不同的时期费用的变动是很大的，在旅行淡季冬天除去冰雪节期间（二月的第二周），即使是特级酒店，有的时候也能够以其他地区的商务房或者标准间酒店的费用住宿，因此请确认一下是不是有适用于淡季的特价酒店吧。

现金兑换和信用卡的使用

虽然相比现金，换取旅行支票可以获得更低的汇率，但是在短暂的旅行中为了将旅行支票换成现金而去银行的时间也是很宝贵的，由于银行平时的营业时间是9点到15点，因此做到时间上的契合也不是一件容易的事。

如果在兑换的时候通过旅行社或者网络使用兑换打折优惠券，那么就会省去手续费用，虽然在机场也可以兑换，但是机场银行的汇率比市里银行的汇率要高，因此最好事先兑换。由于很多时候日本餐馆不允许使用信用卡，因此最好是兑换到充足的现金，除去住宿费用，再算上市里交通费用和用餐费用以及零食费用，一般需要3000~5000日元。

如果在当地现金不足，那么也是可以使用信用卡获得现金服务的，在遍及日本全境的7-11便利店和邮局的自动取款机上可以使用海外信用卡，如果是7-11便利店，那么24小时都是可以使用的。为此必须要确认一下信用卡是不是允许海外使用，而且必须要了解密码是四位数。

除了7-11便利店和邮局之外，在国际航线航空和城市银行的自动取款机上都是可以获得信用卡现金服务的，而且大部分的自动取款机都是英语服务。

整理旅行行李

虽然在机场托运的行李最重是20公斤，但是机舱内携带的东西不能超过20升或者10公斤。出于航空安保的考虑，是不允许随身携带单瓶100毫升以上的液体进入

287

旅游资讯

旅游之前制定行程及准备所需要的信息。
主要包括北海道旅游的交通方式、火车路线等实用信息。

目 录

主题旅行

旅行资讯

About Hokkaido

北海道基本信息

北海道

北海道是日本的四大岛中位于最北边的一个，是日本除本州以外最大的岛，约占日本国土面积的23%。人口约550万人，只占日本全部人口的4%。北海道至今还保留着许多尚未开发的原生态特色景观。北海道富有清新的空气和清澈的水源，由于是日本农业、渔业、畜牧业的中心，北海道的美食远近闻名。夏季凉爽的气候伴着美丽的薰衣草，冬季有滑雪、滑雪板运动及冰雪庆典，还有终年可以享受的温泉，这一切吸引了大量的游客来到北海道。札幌和函馆是游客聚集的中心，除此之外，小樽、登别、洞爷、稚内和钏路等地也是很著名的旅游景点。

气候及适合旅游的季节

北海道与日本其他湿热的城市不同，夏季凉爽，所以夏季是游览北海道的最佳时期。冬季，整个北海道地区降雪较多，气温大都在零度以下。特别是由于降雪，北海道东部、北部的火车和巴士交通几近中断，从鄂霍次克海还会飘来浮冰，因此夏季是旅游的最佳时期。冬季为了招揽游客，北海道会举行札幌冰雪节等活动，还会开通观赏浮冰的特急列车。

时差

中国与日本有1小时时差。由于日本的位置比中国更靠东，因此北海道日出日落的时间较中国早。冬季刚过下午四点钟就会迎来晚上，因此如果选择冬季去北海道旅游就必须加快一天的行程。

货币

日本的货币是日元（又称作日圆），汇率大概为100日元=5.56元人民币（以2016年1月为基准），硬币有1日元、5日元、10日元、50日元、100日元及500日元，纸币有1000日元、5000日元及10000日元。

电压

日本的电压是110V，因此如果要使用中国的电子产品必须使用变压器。但是最近的电子产品大都220V和110V兼用，所以只要有插头适配器就可以使用电器了。

法定假日

在法定假日期间很多商店都不营业，日本国内出行的人较多，交通拥堵，很多地方需要预约。

1月1日 新年
1月第二个星期一 成人节
2月11日 国庆节
3月20日 春分
4月29日 绿色节
4月29日~5月5日 黄金周
5月3日 宪法纪念日

5月5日 儿童节
7月第三个星期一 海之日
8月15日前后一周 盂兰盆节
9月第三个星期一 敬老日
9月23日 秋分
10月第二个星期一 体育节
11月3日 文化节
11月23日 勤劳感谢日
12月23日 天皇诞生日
12月27日~1月4日 年末休息日

通讯

去日本不必带手机，因与日本制式不同，中国手机在日本是不能使用的。若特别需要手机的话，日本旅行社可以代办租用手机业务，每部手机全程租费2000日元，话费为电话充值卡消费，一般有3000日元、5000日元等，话费用完后还可以继续买电话卡充值（类似神州行），如果话费在离境前用不完，剩余话费不退。拨打中国电话最经济的方法是使用国际电话卡，在便利店可以买到，使用时先拨打卡上注明的电话号码，然后根据语音提示输入密码，之后输入中国区号0086以及电话号码。另外，在日本到处都可见公用电话，标有国际、国内电话字样的电话机（墨绿色）及IC电话机（橘红色）均可直拨国际长途。

常用电话

中国驻日本大使馆领事部
地址：东京都港区元麻布3-4-33
电话：03-3403-3064
传真：03-3403-5447

中国驻札幌总领事馆
地址：札幌市中央区南十三条23-5-1
电话：011-563-6191
传真：011-563-1818

中国驻福冈总领事馆
地址：福冈市中央区地行滨1-3-3
电话：092-752-0085
传真：092-781-8906

中国驻长崎总领事馆
地址：长崎市桥口町10-35
电话：095-849-3311
传真：095-849-3312

中国驻名古屋总领事馆
地址：爱知县名古屋市东区东樱2-8-37
电话：052-932-1098
传真：052-932-1169

About Hokkaido

北海道土特产

在日本，土特产的写法是“お土産”，意思是旅游礼品。既有为自己准备的礼品，也有送给朋友和同事的礼品。日本的土特产主要指各地出产的食品。如果在旅行中发现了非常独特的土特产可以随时购买，但是大部分土特产都能在机场的免税店买到，因此在机场买会更为便利。

① 白色恋人巧克力饼干 白い恋人

自1976年问世以来，北海道最具人气的特产，是由石屋制果株式会社出产的热卖商品“白い恋人”，意思是白色恋人，象征着北海道的雪。饼干中有白色的巧克力夹心。几年前还只能在札幌才能买到，但现在因为深受顾客欢迎，开始在机场销售。同时，您还可以到札幌市内的白色恋人公园和石屋制果咖啡店参观体验。罐装的白色恋人牛奶巧克力饮料也很受欢迎。

购买地点 新千岁机场免税区 价格 12枚装 710日元

② 夕张哈密瓜果冻 夕張メロンPURE JELLY

HORI公司坐落于札幌和旭川中间的一个叫砂川的小城市，是始于1947年的一家小果子店，使用哈密瓜制成果冻，是北海道颇具代表性的果子店，被日本航空公司JAL用作飞机食品。分公司北果店（小樽店）也是很有名的果子店。

购买地点 新千岁机场免税区 价格 3枚装 540日元

③ ROYCE巧克力 ROYCE'

是含有17%水分的生巧克力品牌，是旅客们疯狂抢购的商品。除了生巧克力以外，巧克力薯片也很受欢迎。只是保质期很短，所以不要大量购买。

购买地点 新千岁机场免税区 价格 生巧克力660日元，巧克力薯片 660日元

④ LeTao、北果楼 北菓楼

小樽的LeTao果子店的代表性美食是尼亚加拉葡萄酒生巧克力，因为需要冷藏保管，所以只能在旅行途中购买品尝，不能当作纪念品带回来。最好在机场购买，由于机场免税店不销售，所以需要在办理登记手续前到国内线大厅的二楼购买。去近处的北果楼也可以买到，同时可以顺道参观北果楼。

购买地点 新千岁机场国内线大厅二楼（在办理入境手续前购买并办理行李托运） 价格 根据巧克力的种类不同800~2,000日元不等

5 北海道产土豆、玉米

水果、坚果、蔬菜、肉类及其加工制品在入境时需要做免疫检查，因此不能通关的概率很高。如果想带回北海道美味的土豆和玉米就一定要购买真空包装的商品。不仅在机场，在札幌市内的超市、JR札幌站内的纪念品商店均有销售。

购买地点 新千岁机场国内线大厅二楼（在办理入境手续前购买并办理行李托运）或札幌市内

6 北海道的酒

北海道富有清新的空气和清澈的水源，自古以来就有啤酒酿造厂和洋酒酿造厂。在便利店就能买到只在北海道销售的限量版啤酒。在登别、小樽、函馆等地也能买到当地销售的限量啤酒。尼卡威士忌酒厂生产的单一纯麦芽威士忌达到世界级水准，是很好的旅行纪念品。

购买地点 便利店、各地区的旅行纪念品商店、余市尼卡威士忌酿酒厂等

7 蒲荣鱼糕

蒲荣鱼糕店在小樽设有大型鱼糕工厂，在机场也可以买到蒲荣鱼糕。由于在冷藏状态下保质期是两天，因此在旅行中购买鱼糕作为旅游礼物带回国时间太长，只能在机场购买后直接托运回国。

购买地点 新千岁机场国内线大厅二楼（在办理入境手续前购买并办理行李托运） **价格** 2枚装378日元，种类和口味繁多，鱼糕便当也很受欢迎。

8 温泉入浴剂 入浴剤

北海道有登别、洞爷湖温泉、川汤温泉等多处水质优良的温泉。如果您旅行之后会时常怀念起温泉，那么您可以购买用温泉成分制成的入浴剂。入浴剂每袋150~300日元左右，价格低，在普通的家庭浴室里每袋能用两次。除温泉入浴剂之外，在便利店还很容易就能买到芳香入浴剂，以及能发汗具有减肥效果的功能性入浴剂。

9 北海道限量商品 北海道限定

在日本应用最广的营销方法之一就是“限量销售”，日本人对此乐此不疲。特别是北海道旅游的费用比中国的旅游费用高，因此北海道各地限量版凯蒂猫、北海道限量的手工艺品，甚至限量啤酒和冰激凌等“北海道限量”的纪念品非常多。

❶ 印有凯蒂猫的鱿鱼饼干和蟹饼干 ❷ 取自出没于北海道的白熊和棕熊形象的北海道限量棕熊和白熊饮料 ❸ 北海道的手工艺品

6

5

8

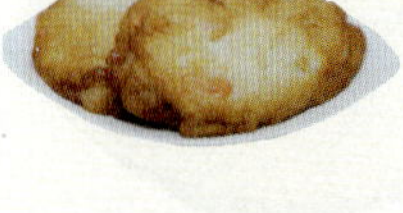
7

9

About Hokkaido

北海道特色美食

北海道拥有广阔的平原，是日本的农业和酪农业的中心。北海道与水产资源丰富的鄂霍次克海相连，因此在这里能品尝到日本最新鲜的海鲜。由于受到大自然的恩赐，北海道的任何一样美食都能让您心满意足。北海道饮食在日本也深受欢迎，虽然价格稍贵，但却深受青睐。

① 牛奶 牛乳

北海道有着新鲜的空气，在北海道有很多牧场，日本的著名乳制品企业都把工厂设在北海道。在旅行中很容易在便利店或超市买到北海道红色盒装的“雪印”牛奶和白底印有蓝色商标的四叶乳业的十胜牛奶。除了便利店的牛奶，还有各地区限量销售的牛奶，装在20世纪六七十年代经典的玻璃瓶中销售，具有一种怀旧特色。在旅行中收集各地的牛奶瓶，也只有在北海道才能享受到这种乐趣。

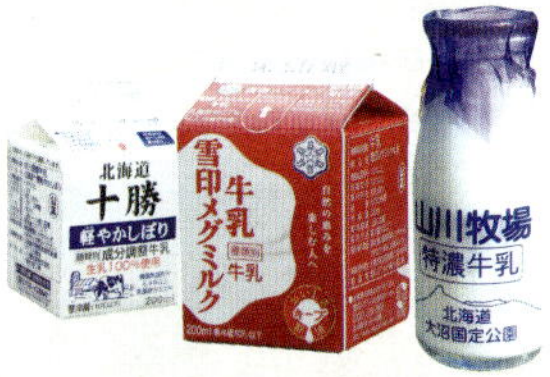

② 软冰激凌 ラーメン

在北海道随处可以买到现装入蛋筒销售的冰激凌，这就是软冰激凌。工厂大量生产并长时间保存。由于北海道的牛奶很美味，冰激凌自然也很好吃。富良野的薰衣草冰激凌、函馆的墨鱼汁（イカスミ）冰激凌、海带（昆布）冰激凌等，各地都生产具有地方特色的美味冰激凌。

③ 拉面 ソフトクリーム

札幌是味噌拉面的发源地，要品尝地道的札幌拉面首选是汇集了众多味噌拉面店的元祖拉面街。这条拉面街不仅拉面美味，其平民化的大众氛围也吸引了众多游客。札幌站的拉面共和国和新千岁机场国内线航站楼三楼的北海道拉面道场（北海道ラーメン道場）不仅有札幌最好吃的拉面，还聚集了全北海道最有人气的拉面店，在这里可以尽情地享用拉面，让您在旅行的开始和结尾都有美味的北海道拉面相伴。

4 汤咖喱 スープカレー

日本将印度的咖喱本土化，是家中最常吃的菜品之一。在札幌和北海道地区，与一般的咖喱店相比，汤咖喱店更普遍。将猪肉、鸡肉、羊肉做成的高汤加入土豆、胡萝卜、蘑菇、茄子等蔬菜煮过之后放入咖喱就做成了汤咖喱。汤咖哩比一般的咖喱更稀，并且汤水多，和炖菜差不多。放入大块的蔬菜和肉也是汤咖喱的一大特色。

5 寿司 寿司，すし

著名漫画将太的寿司就取材于小樽的寿司屋通（寿司街）。在北海道任何一个城市都能品尝到用新鲜的海产品做成的寿司。即使去比较便宜的旋转寿司店也能吃到很美味的寿司。北海道的三大市场，札幌、函馆、钏路的早市也卖寿司和海鲜盖饭（海鲜丼）。旋转寿司店的花费大概在1500日元左右，一般的寿司店花费大概在3000~5000日元左右。

6 螃蟹料理 蟹，カニ

在北海道能吃到的海鲜中最受欢迎的就是螃蟹。北海道有很多种螃蟹，毛蟹(毛**ガニ**)可以说一年365天都是应季，总是保持着美味。在旅行中到处都能看到螃蟹料理店，特别是札幌市内的薄野汇集着许多螃蟹料理店。如果螃蟹料理店前面写着“畅吃”的话，那就意味着在60或90分钟指定的时间内可以无限制吃，喜欢喝酒和喝饮料的人可以看看是否有“畅饮”的字样。“畅吃”的花费大约人均3500~5000日元，螃蟹料理花费一般都在5000日元以上。

推荐路线

- 札幌·小樽三天两夜游
- 登别·小樽三天两夜游
- 函馆·登别·旭川五天四夜游
- 札幌富良野一日游
- 游钏路湿原和摩周湖

搭乘中转航班享受周五、六、日三日游

札幌·小樽 三天两夜游

由于国内航班的限制，三天两夜行程实际上只有第一天的半天和第二天全天的时间。但是乘坐日本航空（JAL）、全日空(ANA)的中转航班可以下午晚一点回国，这样就可以让行程更为充实。只要周五休假一天，就可以完成周五、六、日三日游。

第一天

上午　到达札幌新千岁机场，向札幌站出发

（机场快线135号列车，1,070日元）

15:00　到达札幌站之后去宾馆

Tip 大部分宾馆都在三点之后办理入住。若在办理入住之前到达，可以把行李寄存在前台。根据客房情况的不同，也可以在三点之前办理入住。

15:30　参观札幌市区

推荐北海道厅旧红砖厅舍、札幌钟楼、北海道大学等景点（免费进场）

18:00　晚上在札幌的薄野街道漫步

可以搭乘Norbesa商场摩天轮欣赏薄野的夜景（600日元）

20:00　在薄野吃晚饭

- 在羊羊亭品尝北海道著名的成吉思汗烤肉或螃蟹
- 在元祖拉面街品尝札幌味噌（大豆酱）拉面

21:00　到酒店休息

第二天

06:00　在札幌市里散步，享受早晨

- 宾馆距离JR札幌站近的话可以到北海道大学散步
- 如果宾馆在薄野区可以去大通公园或中岛公园散步

Tip 札幌市内的日出时间6~8月为早晨4点左右，12~2月为上午7点左右，札幌的一天开始得早，夜幕降临得也早。如果想利用三天两夜的短暂时间旅行，最好要行动迅速。

08:00　在宾馆吃早饭

09:00　购买札幌－小樽一日乘车券（JR札幌站，1,530日元）

Tip 用札幌—小樽一日乘车券也可以乘坐地铁，如果从札幌站步行到宾馆很远，最好在前一天就买好车票。

09:10　从札幌站去往宫之泽车站
（乘地铁/在大通公园站换乘东西线/需要20分钟左右）

09:30　参观白色恋人公园（巧克力工厂）

11:00　从白色恋人公园到达札幌站，前往小樽

11:40　到达南小樽站

Tip 南小樽站给人一种乡村小站的感觉。从南小樽站到童话十字路口的路上有指示牌，但是一开始很难辨认方向。建议看一看检票口旁边印的地图后再走。

12:00　到达童话十字路口后沿着境町通商业街游览、吃饭

参观小樽音乐盒堂本馆，在 LeTao 总店、北果楼、六花亭吃点心

15:00　参观小樽运河

游览出拔小路和小樽市综合博物馆

19:00　在小樽站乘车去往札幌方向

19:40　在距离札幌站前一站的桑园站下车，在吉之岛JUSCO超市购物

21:00　到达宾馆休息

第三天

09:00　在宾馆吃早饭后乘坐地铁去往圆山公园
（从札幌站出发，大约需要15分钟）

09:10　在圆山公园散步
北海道神宫

10:30　从圆山公园地铁站前往大仓山展望台
（乘坐公交车）

10:45　在大仓山展望台欣赏札幌市里景色

12:00　在圆山公园前的“六花亭圆山店”吃午饭

13:00　去往札幌站后购物（乘坐地铁前往）
去百货商店、东急手创馆等购物中心购物

15:00　去宾馆带好寄存的行李去机场
（乘坐机场快线，1,070日元）

预计花费

机票+住宿：7,000~13,000元人民币

机票　往返约6,000~12,000元人民币

住宿　1,000元人民币（以3~4星级两夜为标准）

当地花费：1,200元人民币

交通费 约5,000日元

餐　费 早饭1,000日元×2顿+午饭1,500日元×3顿+晚饭2,500日元×2顿＝11,500日元

零食费 1,000日元×3天＝3,000日元

门票费 白色恋人巧克力工厂600日元+Norbesa商场摩天轮600日元+大仓山展望台升降机500日元=1,700日元

Travel tip

在行程的第一天把行李寄存到札幌去游览小樽，那么第二天还可以安排其他行程。例如去游览登别、定山溪等这样的温泉小镇，或者夏季的时候去游览富良野、美瑛。

免费接送的舒适温泉酒店游

登别·小樽三天两夜游

登别的石水亭酒店、望楼野口登酒店（最高级）和洞爷湖的湖畔亭酒店等，这些由野口观光集团运营的酒店都有免费接送游客的巴士。旅行的第一天，从机场乘坐免费的接送巴士去酒店，第二天办完退房手续后可以乘坐去往札幌的免费巴士，这样既能节省交通费，又不必担心不认识路，让您可以享受舒适的温泉酒店之旅。

第一天

上午　到达札幌新千岁机场后办理入境手续

13:30　前往札幌新千岁机场国内线航站楼吃午饭

Tip 拉面道场新千岁机场是日本美食和娱乐项目最多的机场，机场的拉面道场聚集了很多札幌拉面专营店，推荐您品尝一下。

14:15　确认免费接送巴士名单（国内线航站楼一楼巴士搭乘处）

Tip 免费接送巴士需要预约，因此在预约酒店的时候一定要同时预约接送巴士。

14:30　免费接送巴士出发

15:30　达到登别的温泉酒店之后办理入住手续、泡温泉及游览登别

地狱谷、天然足汤及酒店的榻榻米客房，让您享受充分的休息。

19:00　品尝酒店的怀石料理（传统的日式料理，多道菜肴）

Tip 石水亭温泉酒店提供的一般是自助餐，品尝怀石料理需要追加费用。

第二天

08:00　起床后在酒店吃早饭、泡温泉、散步

10:00　办理退房后前往札幌（乘坐免费接送巴士）

12:00　到达札幌站北侧的出口，去宾馆寄存行李。
在JR札幌站购买札幌－小樽一日乘车券（1,530日元）后前往小樽

13:20　到达南小樽站

13:30　到达童话十字路口后沿着境町通商业街游览并吃饭

参观小樽音乐盒堂本馆，在LeTao总店、北果楼、六花亭吃点心

16:00　参观小樽运河

游览出拔小路和小樽市综合博物馆

18:00　在寿司屋通吃晚饭

19:00　在小樽站乘车去往札幌方向

19:40　在距离札幌站前一站的桑园站下车，在吉之岛JUSCO超市购物

21:00　到达宾馆休息

第三天

06:00　去酒店吃完早饭后在札幌市里散步

- 宾馆距离JR札幌站近的话可以到北海道大学散步
- 如果宾馆在薄野区可以去大通公园或中岛公园散步

08:00　在酒店吃早饭

09:30　在酒店办理退房后前往JR札幌站

10:10　从JR札幌站前往新千岁机场（乘坐机场快线）

10:46　到达札幌新千岁机场后去二楼的餐厅品尝美食，参观四楼的微笑之路

- 参观白色恋人巧克力工厂、哆啦A梦欢乐天空园区
- 到拉面道场品尝北海道美味拉面

离开　飞机从新千岁机场起飞

预计花费

机票+住宿：7,500~13,500元人民币

机票　6,000~12,000元人民币

住宿　1,500元人民币（酒店1晚，以3~4星级宾馆1晚上为准）

当地花费：800元人民币

交通费 约为2,000日元

餐　费 早饭1,000日元×1顿+午饭1,500日元×3顿+晚饭2,500日元×1顿（酒店的晚餐）=8,000日元

零食费 1,000日元×3天=3,000日元

Travel tip

在最后一天要早一点动身去机场，因为市区的商场和餐馆大部分从10~11点开始营业，所以上午只能散步。因此早一点去机场可以在机场有充分的时间参观并品尝美食。

充实的北海道之旅

函馆·登别·旭川五天四夜游

函馆以其具有异国风情的景色而受到众多游客的青睐。从札幌往返函馆需要6~7个小时。如果将往返函馆纳入短暂的日程中，那么在路上浪费的时间太多。缩短路上时间的方法就是从东京乘坐中转航班。这样可以节省去函馆的单趟时间。从函馆到札幌途中可以参观登别温泉或洞爷湖。

第一天

上午	到达羽田机场 办理完审查手续后前往国内线大厅（乘坐免费机场区间车）
13:05	从羽田机场出发
14:50	到达函馆机场
15:10	前往JR函馆站（乘坐机场大巴，410日元）
15:30	到达JR函馆站之后到酒店办理入住
16:00	游览函馆市区 · 参观函馆的斜坡道 · 参观具有异国风情的“八幡坂”和“chacha坡（老爷爷坡道，因大家爬此坡道的姿势像老爷爷弯腰而得名）” ❶旧函馆公共会堂 ❷ 函馆东正教堂 ❸元町天主教教堂 ❹函馆圣约翰教堂
19:00	欣赏日本的三大夜景之一的函馆夜景（乘坐来回缆车1,200日元）
22:00	到达酒店休息

第二天

06:00　**起床后到函馆早市散步**

尽享富有生气的市场气氛，品尝美味的海鲜

09:00　**去大沼国定公园**（乘坐JR列车需要45分钟，540日元）

- 在风景如画的大沼国定公园散步，欣赏湖光山色
- 骑自行车漫步、搭乘游船

12:00　**从大沼公园前往五陵郭**（32分钟，450日元）

12:30　**在瞭望塔一楼吃午饭后登上五陵郭瞭望塔顶**（840日元）

可以清晰欣赏五陵郭独特的五角星形状

15:00　**前往函馆市区**（乘坐函馆有轨电车，240日元）

参观函馆海湾地区并购物

19:00　**在海湾地区吃饭后欣赏函馆坡道的夜景**

22:00　**到酒店休息**

第三天

08:00　**在酒店办理退房后前往JR函馆站**

08:13　**从JR函馆站前往登别**（乘坐超级北斗3号列车）

08:13之后10:32 发车（旺季临时加开特急列车），12:30发车，15:13发车

10:37　**到达JR登别站后将行李寄存到车站的寄存物品柜**

Tip 如果JR登别站的寄存物品柜都已被占用，那么可以使用登别温泉汽车站的寄存物品柜。

10:57　**从JR登别站前往登别温泉**

（乘坐巴士，340日元）

11:13　**到达登别温泉汽车站后游览登别**

- 地狱谷、天然足汤
- 登别温泉的酒店温泉一日游（1,000~2,000日元）

14:00 从登别温泉汽车站前往伊达时代村

（乘坐出租车，约1,500日元）

14:10 到达登别伊达时代村后开始游览（2,900日元）

欣赏忍者武打秀、花魁秀

16:30 从登别伊达时代村

前往JR登别站（乘坐出租车，约1,500日元）

Tip 虽然可以乘坐巴士去伊达时代村，但是一天只有六趟班车，并且巴士和列车时间不连贯，需要等一个小时左右。

16:40 到达JR登别站

16:50 从JR登别站出发前往札幌

（乘坐特急铃兰7号列车）

18:07 到达札幌站后游览薄野夜景

可以搭乘Norbesa商场摩天轮欣赏薄野的夜景（600日元）

20:00 在薄野吃晚饭

- 在羊羊亭品尝北海道著名的成吉思汗烤肉或螃蟹
- 在元祖拉面街品尝札幌味噌（大豆酱）拉面

21:00 到酒店休息

第四天（游览富良野或旭川）

Tip 以下的行程适合于春、秋、冬季旅游，如果选择夏季去旅游的话，相比游览旭川和旭山，向您推荐第30页的札幌富良野一日游的行程。

09:00 从札幌前往旭川（乘坐特急列车）

10:20 到达旭川站

10:40 从旭川站前的巴士站乘车前往旭山动物园
（乘坐41、42、47路巴士/440日元）

11:20 到达旭山动物园（820日元）
可以看到飞翔的企鹅和企鹅巡游，是日本最具人气的动物园

14:30 从旭山动物园前往旭川（乘坐巴士）

15:10 到达旭川站后游览市区
品尝旭川拉面

17:13 从旭川站乘车经过札幌前往小樽

19:35 到达小樽后游览小樽的夜景和运河
游览出拔小路、小樽市综合博物馆

22:00 到达酒店休息

第五天

09:00 在酒店吃完早饭后乘地铁前往圆山公园
（从札幌站乘车约15分钟）

09:10 在圆山公园散步
参观北海道神宫

10:30 从圆山地铁站前往大仓山展望台
（乘坐巴士）

10:45 到达大仓山展望台后游览札幌市区

12:00	在圆山公园前的"六花亭圆山店"吃午饭
13:00	前往札幌站后购物（乘坐地铁） 去百货商店、东急手创馆等购物中心购物
15:00	到达酒店后取出寄存的行李去机场 （乘坐机场快线，1,070日元）
16:00	到达新千岁机场国内线大厅后办理登机手续
17:35	到达羽田机场国内线大厅后前往国际线大厅，办理出境手续
离开	从羽田机场国际线大厅出发

预计花费

机票+住宿：7,600~13,600元人民币

机票　6,000~12,000元人民币

住宿　1,600元人民币（按照3~4星级酒店4晚的标准）

当地花费：3,000元人民币

交通费 北海道火车通票3天券15,430日元+巴士、地铁等约3,000日元=18,430日元

餐　费 早饭 1,000 日元 ×4 顿 + 午饭 1,500 日元 ×5 顿 + 晚饭 2,500 日元 ×4 顿 =21,500 日元

零食费 1,000日元×5天＝5,000日元

门票费 函馆来回缆车 1,200 日元 + 五陵郭瞭望台 840 日元 + 登别温泉 1,000 日元 + 登别伊达时代村 2,900 日元 + 旭山动物园 820 日元 + 大仓山展望台 500 日元＝7,260 日元

Travel tip

❶ 如果不去旭山和富良野，那么不必购买JR火车通票，这样可以节省费用。

❷ 如果只有四天三夜的行程，那么省略参观大沼公园，将第一天和第二天的行程合并，这样就可以安排四天三夜的行程了。

北海道夏季游热门景点

札幌 富良野一日游

如果选择在夏季去北海道旅游，那么富良野和美瑛是必去的地方。推荐您去游览凉风吹过的广阔的薰衣草花园。7月初至8月中旬是薰衣草最漂亮的时节，9月至10月初还有一部分薰衣草。只是如果阴天或下雨的时候游览富良野会使旅游的乐趣打些折扣，所以要注意天气。

08:00 在酒店吃完早饭后前往札幌站

08:25 从札幌站出发前往旭川（乘坐超级神威号特急列车）

09:50 到达旭川后换乘“富良野、美瑛诺罗科号”列车

10:24 到达美瑛后徒步游览
游览钟楼、菅野农场，在民宿餐厅吃午饭

13:04 从美瑛出发（乘坐普通列车）

13:07 到达美马牛后体验单车游（租赁费1，200~2,200日元）
游览拓真馆、千代田之丘、圣诞之木

16:09 从美马牛出发（乘坐普通列车）

16:31 在薰衣草田站下车（只在夏季停车）
参观富田农场

17:31 从薰衣草田站出发（乘坐普通列车）

17:41 到达富良野站

17:46 从富良野站前往泷川站（乘坐普通列车）

18:49 到达泷川站

18:57 从泷川站前往札幌（乘坐超级神威号特急列车）
晚饭吃站台盒饭（车站向旅客出售的盒饭）

19:50 到达札幌

预计花费

当地费用：10,200日元
交通费 富良野、美瑛周游券5,500日元+自行车租赁费1,200日元
餐　费 午饭1,500日元+晚饭1,500日元＝3,000日元
零食费 2,000日元

Travel tip

1. 如果想游遍美瑛和美马牛，是很消耗体力的，时间上也很紧张。如果想悠闲地感受北海道的浪漫，最好从美瑛和美马牛中选择一个地方游览。
2. 如果是两个人，租赁自行车和汽车的费用差不多。如果乘坐火车去美瑛和富良野，然后再租车，这样可以节省费用和时间。

体验北海道大自然之美

游钏路湿原和摩周湖

北海道道东地区展现了北海道大自然之美，游览道东地区至少需要两天一夜以上的行程。我们所推荐的行程是四天三夜的行程，其中从札幌出发安排两天一夜的道东行程。如果时间允许的话可以将在道东的行程增加到两到三个晚上，可以在美丽的大自然中充分享受闲暇时光。

第一天

上午 到达札幌新千岁机场并办理入境手续

13:34 前往札幌站（乘坐机场快线135号列车，1,070日元）

14:10 到达札幌后去酒店

> Tip 大部分的酒店在下午三点之后办理入住，在办理入住之前可以将行李寄存到酒店前台。根据客房的具体情况，也可以在三点之前办理入住。

14:30 吃午饭

> Tip 宾馆如果距离JR札幌站近的话，可以在JR塔的餐馆用餐。如果在薄野地区，可以去狸小路商业街的餐馆就餐。

15:30 游览札幌市区

推荐北海道厅旧红砖厅舍、札幌钟楼、北海道大学等景点（免费进场）

18:00 晚上在札幌的薄野街道漫步

20:00 在薄野吃晚饭

- 在羊羊亭品尝北海道著名的成吉思汗烤肉或螃蟹
- 在元祖拉面街品尝札幌味噌（大豆酱）拉面

21:00 到酒店休息

第二天

07:03 从JR札幌站前往JR钏路站

10:51 到达JR钏路站之后将行李寄存到酒店，

开始游览钏路湿原

- 根据季节不同，可以乘坐诺罗科号观光列车和蒸汽观光火车
- 参观钏路湿原站的细冈瞭望台和塘路站的Sarubo瞭望台

17:00 回到钏路市区，游览市区

- 游览笼罩着神秘白雾的钏路港
- 游览聚集了多家购物中心和餐馆的“钏路渔人码头MOO”，伫立着四个女神雕像的“币舞桥”

21:00 到宾馆休息

第三天

09:00 从JR钏路站前往JR川汤温泉站

10:30 从JR川汤温泉站前往屈斜路湖（乘坐屈斜路巴士）

- 游览喷涌着硫黄温泉的医王山（硫黄山）
- 在川汤温泉泡温泉并去温泉街散步
- 望着湖水泡温泉，参观爱努民族博物馆

19:00 到达JR钏路站后前往JR札幌站

23:00 到达JR札幌站后前往酒店

第四天

06:00	在酒店吃早饭后去札幌市区散步

- 宾馆距离JR札幌站近的话可以到北海道大学散步
- 如果宾馆在薄野区可以去大通公园或中岛公园散步

Tip 札幌的日出时间6~8月为早晨4点左右，12~2月为上午7店左右，札幌的一天开始得早，夜幕降临得也早。如果想在四天三夜的行程里游览札幌，最好行动要迅速。

08:00	在酒店吃早饭
09:30	在酒店办理退房手续后前往JR札幌站
10:10	从JR札幌站前往新千岁机场（乘坐机场快线）
10:46	到达札幌新千岁机场后到二楼的餐厅品尝美食，参观四楼的微笑之路

- 参观白色恋人巧克力工厂、哆啦A梦欢乐天空园区
- 到拉面道场品尝北海道美味拉面

离开	飞机从新千岁机场起飞

预计花费

机票+住宿：8,500~14,500元人民币

机票 6,000~12,000元人民币

住宿费 2,500元人民币（以3~4星级3晚为标准）

当地费用：3,000元人民币

交通费 北海道火车通票三日券15,430日元+巴士、地铁等约2,000日元＝17,430日元

餐　费 早饭1,000日元 ×3顿＋午饭1,500日元 ×4顿＋晚饭2,500日元 ×3顿＝16,500日元

零食费 1,000日元×4天＝4,000日元

Travel tip

❶ 如果想延长在道东的行程可以不必买“北海道火车通票三日券”，改为买“北海道火车通票任选四日券”。三日券需要连续用三天，但是任选四日券是非连续使用的通票，可以配合搭乘时间使用。

❷ 道东地区从11月开始下雪，直到5月份还有残雪。最适合旅游的时间是1~2月份、7~8月份，此外的时间没有什么值得游览的景色。

SONIA
SONIA

各地区旅游

札幌

小樽

登别

洞爷

函馆

旭川

富良野・美瑛

钏路

稚内

日本全图

稚内
札幌
北海道
小樽
富良野
钏路
登别
函馆
东北地区
日光
关东地区
本州
中部地区
东京
箱根
镰仓
横滨
中国地区
京都
神户
大阪
奈良
四国
福冈
豪斯登堡
大分
九州
长崎
云仙
阿苏
熊本
鹿儿岛
关西地区
冲绳

北海道全图

稚内
JR 宗谷本线 JR 宗谷本線
丰臣
JR 宗谷本线 JR 宗谷本線
纹别
士别市
札樽自动车道 札樽自動車道
JR 石北本线 JR 石北本線
网走
百人町
知床
JR 函馆本线
旭川
JR 富良野线 JR 富良野線
美瑛
泷川
屈斜路湖
摩周湖
JR 钏网本线 JR 釧網本線
汤川
根室
阿寒湖
富良野
JR 函馆本线
小樽
丘珠机场
JR 函館本線
钏路湿原
JR 根室本線 JR 根室本線
千岁
十胜
札幌
新千岁机场
钏路
JR函馆本线
带广
洞爷
登别
JR 日高本线 JR 日高本線
大沼
襟裳岬
JR 江差线 JR 江差線
函馆

丸井今井

札幌

北海道之旅的中心

札幌是北海道道厅的所在地，是北海道的行政、文化、经济、工业、旅游等的中心城市。札幌是日本的第四大城市，有着其他城市无法比拟的清新美丽的景观。夏季平均气温为25摄氏度，气候凉爽，因此夏季是最适于旅游的季节。冬季平均气温为零下8摄氏度，为了抵御严寒，每年举办札幌冰雪节，属于世界三大节庆之一。从北京首都国际机场、上海浦东国际机场等均有到札幌新千岁机场的直达航班，有JR列车以札幌站为中心通往小樽、登别温泉等附近的景点，以及函馆、钏路、网走、稚内等地。

札幌市旅游局网址 www.welcome.city.sapporo.jp

札幌市区中心
白杨林荫大道
ポプラ並木
北海道大学综合博物馆
北海道大学総合博物館
北海道大学
北海道大学
克拉克博士胸像
クラーク博士の胸像
JR 桑园站
JR桑園駅
JR 函馆本线 JR 函館本線
石山通 石山通
北12条
北12条
地下铁南北线 地下鉄南北線
地下铁东丰线 地下鉄東豊線
拿成川通 拿成川通
东8丁目条路通 東8丁目篠路通
札幌啤酒花园
サッポロガーデンパーク
札幌站北口萝提酒店
ホテルルートイン 札幌駅前北口
JR札幌站
JR 札幌駅
JR 函馆本线 JR 函館本線
JR塔
JRタワー
JJR札幌日航酒店
JRタワーホテル日航札幌
世纪皇家酒店
センチュリーロイヤルホテル
札幌站前巴士总站
札幌駅前バスターミナル
札幌站
さっぽろ駅
札幌站
さっぽろ駅
京王札幌广场酒店
京王プラザホテル札幌
西7丁目通 西7丁目通
札幌华盛顿酒店
ホテルグレイスリー札幌
札幌新大谷酒店
ホテルニューオータニ
札幌全日空酒店
札幌全日空ホテル
札幌工厂
サッポロファクトリー
桑园－发寒通 桑園－発寒通
北大植物园
北大植物園
石山通 石山通
札幌克罗斯酒店
クロスホテル札幌
札幌蒙特利艾萝芙酒店
ホテルモントレエーデルホフ札幌
札幌奇塔约行程酒店
ルートイン札幌北四条
北海道厅旧本厅舍内
北海道庁旧本庁舎内
钟楼
時計台
东3丁目通 東3丁目通
北一条宫之泽通 北一条宮の沢通
札幌弥生酒店
ホテルさっぽろ弥生
北方民族资料室
北方民族資料室
温室
温室
钟楼纪念医院
時計台記念病院
札幌格兰大酒店
札幌グランドホテル
札幌中央巴士总站
中央バス札幌ターミナル
地下铁东西线 地下鉄東西線
罗伊顿札幌酒店
ロイトンホテル
北一条宫之泽通 北一条宮の沢通
札幌电视塔
さっぽろテレビ塔
巴士中心前站
バスセンター前
大通站大通駅
高等裁判所
高等裁判所
西11丁目
西11丁目
大通公园
大通公園
大通站大通駅
大通站大通駅
南1条通 南1条通
北海道立近代美术馆
北海道立近代美術館
札幌市资料馆
札幌市資料館
西8丁目
西8丁目
西4丁目
西4丁目
三越百货店
三越
横丁拉面街
スープカレー横丁
札幌PARCO购物中心
札幌パルコ
西18丁目
西18丁目
Pivot购物中心
ピボット
札幌二条市场
札幌二条市場
地下铁东西线 地下鉄東西線
札幌市电 札幌市電
阿帕札幌酒店
アパホテル札幌
狸小路 狸小路
中央区役所前
中央区役所前
狸小路 狸小路
西15丁目
西15丁目
札幌莱昂普莱斯酒店
ホテルレオパレス札幌
新札幌太阳道酒店
ホテルサンルートニュー札幌
新横丁拉面街
新ラーメン横丁
札幌东武酒店
札幌東武ホテル
薄野
すすきの
札幌王子酒店
札幌プリンスホテル
月寒通 月寒通
月寒通 月寒通
薄野
すすきの
丰水薄野站
豊水すすきの

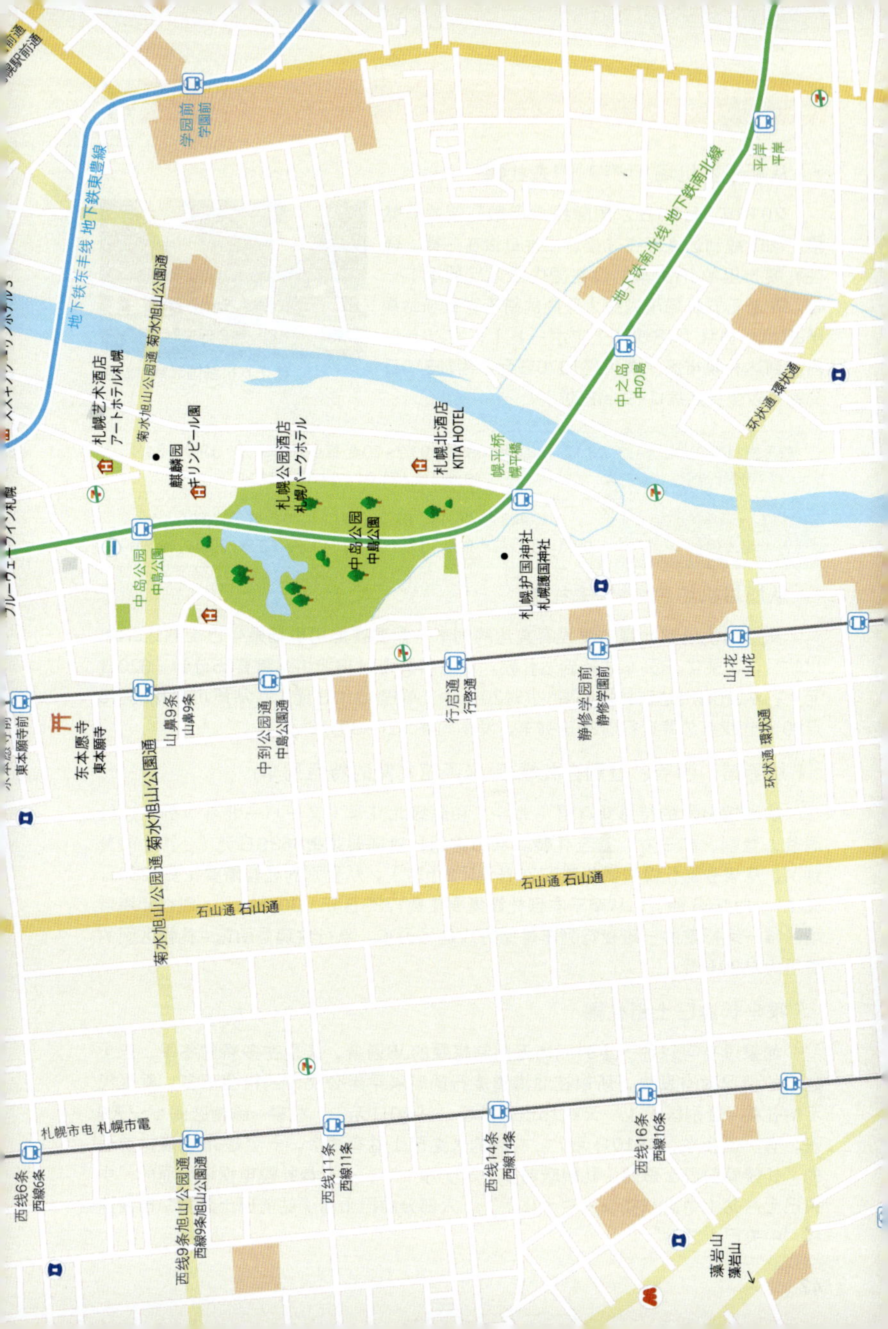

地下铁东丰线 地下鉄東豊線
学园前 学園前
地下铁南北线 地下鉄南北線
平岸 平岸
中之岛 中の島
环状通 環状通
幌平桥 幌平橋
札幌北酒店 KITA HOTEL
札幌公园酒店 札幌パークホテル
麒麟园 キリンビール園
札幌艺术酒店 アートホテル札幌
菊水旭山公园通 菊水旭山公園通
中岛公园 中島公園
札幌护国神社 札幌護国神社
东本愿寺 東本願寺
東本願寺前
山鼻9条 山鼻9条
中到公园通 中島公園通
行启通 行啓通
静修学园前 静修学園前
山花 山花
石山通 石山通
札幌市电 札幌市電
西线6条 西線6条
西线9条旭山公园通 西線9条旭山公園通
西线11条 西線11条
西线14条 西線14条
西线16条 西線16条
藻岩山 藻岩山
ブルーウェーブイン札幌
駅前通

去往札幌

从新千岁机场 新千歳空港, CTS 去札幌

新千岁机场国际线航站楼

2010年3月26日，国际线大厅搬到新的航站楼。国际线到达大厅在二楼，出发口设在三楼。通往札幌市里的JR列车站设在国内线大厅的地下一楼。在新千岁机场国内线大厅内的新千岁机场站乘坐JR机场快线（JR快速エアポート），在36分钟内能到达札幌市区。费用是1070日元，附加310日元就可以坐指定席U-Seat座位。

新千岁机场 → 札幌 出发时刻	08:17，08:34，08:49 / 09点~20点 每小时的04分、19分、34分、49分出发 / 21:04，21:16，21:30
札幌 → 新千岁机场 出发时刻	06:34，06:48，07:06，07:21，07:35，07:50/ 08点~19点每小时的10分、25分、40分、55分 / 20:25，20:45

从旭川机场 旭川空港, AKJ 去札幌

从旭川机场到札幌市里没有直达的列车。需要在旭川机场乘坐巴士到达JR旭川站后，再乘坐JR列车才能到达札幌。从旭川机场到JR旭川站需要35分钟（620日元），从JR旭川站到札幌需要1小时20分钟（单程4610日元）。从旭川到札幌自5点20分至22点总共运行着36班列车，发车间隔为20~30分钟。

从函馆、洞爷、登别去札幌(乘坐函馆本贤的特急列车)

从函馆出发的特急北斗号（北斗）和超级北斗号（スーパー北斗）列车途经洞爷、登别、南千岁，直至札幌。从函馆到札幌需要花费8630日元（3小时10分钟），从洞爷到札幌需要花费5720日元（2小时），从登别到札幌需要花费4280日元（1小时15分钟），从南千岁到札幌需要花费1780日元（30分钟）。现在北海道地区唯一运行着的一班夜行列车是急行玫瑰号列车。急行玫瑰号函馆–札幌区间的费用为7120日元。

乘坐长途巴士到札幌

如果没有可以在一定时间内无限制搭乘的JR通票，又是在多雪的冬季，巴士延迟的情况时有发生，所以在北海道旅行的时候乘坐公交车的机会不多。乘坐巴士的札幌–登别区间（一天约15班，单程，1950日元），札幌–函馆区间（一天6班，有一班夜车，4810日元）。札幌的长途巴士站有两个，一个是JR札幌站前面的“札幌站前巴士总站（札幌駅前ターミナル）”，一个是札幌电视塔后面的“中央巴士总站（中央バスターミナル）”。大部分的巴士由“站前巴士总站”出发途经“中央巴士总站”。

市区交通

札幌市区就像平整的棋盘，有地铁、巴士、电车多种交通方式。虽然可以不乘坐大众交通工具徒步旅行，但是从札幌站步行到大通公园需要15分钟，到薄野需要25分钟，所以建议乘坐交通工具。如果你觉得不熟悉大众交通工具的乘坐或3~4个人一起旅游的话，推荐乘坐出租车。札幌站到薄野的费用是800~1000日元左右，与地铁的花费相比，不算昂贵。

地铁 地下鉄

札幌地铁有以大通(大通)站为中心横贯南北的南北线（南北線，绿色）、贯穿东西的东西线（東西線，黄色）、与南北线相似但却靠近东区的东丰线（東豊線，蓝色）三条线。JR札幌（JR 札幌）站前的南北线和东丰线的地铁站没有把札幌标注成汉字，而是标注成“さっぽろ”。

时间 06:00~24:00 **费用** 200–360日元（札幌–薄野 200日元，札幌–福住240日元）

有轨电车（市电） 路面電車 市電

从薄野运行至市区西部的有轨电车是札幌的象征。札幌市电车于1916年开通，深受市民青睐。由于地铁和巴士的增加面临停运的危机，但是正是市民们的要求，至今仍运行着。游客除了去藻岩山（藻岩山）展望台会乘坐有轨电车外，几乎不乘坐。在“缆车入口站（ロープウエイ入口）”下车可以到达藻岩山展望台。

时间 06:00~22:30 **费用全区间** 170日元统一价格

市内巴士

除了以中央巴士循环88号（循88）为代表的一部分路线，在市内区间运行的大部分的巴士费用都是100日元，但是游客们乘坐巴士最主要是去“札幌啤酒工厂（札幌啤酒花园、札幌工厂）”，去这两个地方不能以100日元的费用乘坐循环88号。即使是在国内乘坐不熟悉的路线的巴士也很不容易，更何况在日本语言也不通，更应该尽量避免乘坐市区巴士。

时间 06:00~23:00（根据路线的不同而不同） **票价市区中心** 100日元统一价格（除循环88号等一部分巴士）

市区循环巴士

围绕市区中心循环运行的“Sapporo Walk巴士（さつほ ろうぉ~く）”，34分钟循环1次，和6月至10月中旬夏季运行的“札幌散步巴士（さつほ ろ散策ハス）”，74分钟循环1次，可以看作一般的城市观光巴士。巴士的标识牌上端有标志，所以比一般的巴士更容易乘坐。

❖ Sapporo Walk巴士 さっぽろうぉ~く(環88線)

从札幌站前往大通公园后游览“札幌啤酒花园”和“札幌工厂”，还可以参观钟楼和北海道厅旧本厅舍。

主要站点 札幌站，钟楼，大通公园，札幌工厂商业城，札幌啤酒园
运行时间 06:50~22:40（每班间隔20分钟）/365天终年运行
票价 搭乘1次200日元，Sapporo Walk巴士一日乘车券 750日元，可以使用一日通用卡（1000日元）

❖ 札幌散步巴士 さっぽろ散策バス

札幌散步巴士只在夏季运行，从札幌站前往大通公园后向西一直走，就能到达圆山公园和大仓山展望台。

主要站点 札幌站，札幌电视塔，札幌市资料馆，圆山动物园，北海道立近代美术馆
运行时间 1天8班（从09:20至16:20 每小时的20分从札幌站出发）/只在夏季旺季运行
票价 搭乘1次 200日元，Sapporo Walk巴士+札幌散步巴士一日乘车券750日元，不能使用一日通用卡（1000日元）

TIP 打折通票

1. **札幌小樽一日周游券**（SAPPORO – OTARU WELCOME PASS）
   可以在札幌市区使用的打折通票中最实用的。可以到达大型的吉之岛超市所在的“桑园”、巧克力工厂（白色恋人巧克力工厂）所在的“宫之泽”，因此可以不必顾及交通费，制定多样的行程。

   票价 1,530日元 **使用区间** 札幌市区地铁及JR列车的札幌–小樽区间
2. **一日通用卡** (共通 1DAY カード)
   可以搭乘地铁、电车、市区巴士。游览只有巴士才能到达的“札幌啤酒工厂（札幌啤酒园、札幌工厂）”，以及游览札幌市区时是很实用的。

   票价 1,000日元 **使用区间** 地铁、电车、市区区间的JR北海道巴士和中央巴士
3. **地铁专用一日乘车券**（地下鉄 専用 1日 乗車券）:票价 800日元
4. **假日地铁一日券**（ドニチカキップ）:只在周六、周日使用的专用地铁一日乘车券

   票价 500日元
5. **市电车一日乘车券**（どサンこパス）:只在周六、周日使用的电车专用一日乘车券

   票价 300日元（仅限成人1人、儿童1人使用）

札幌地铁线路图

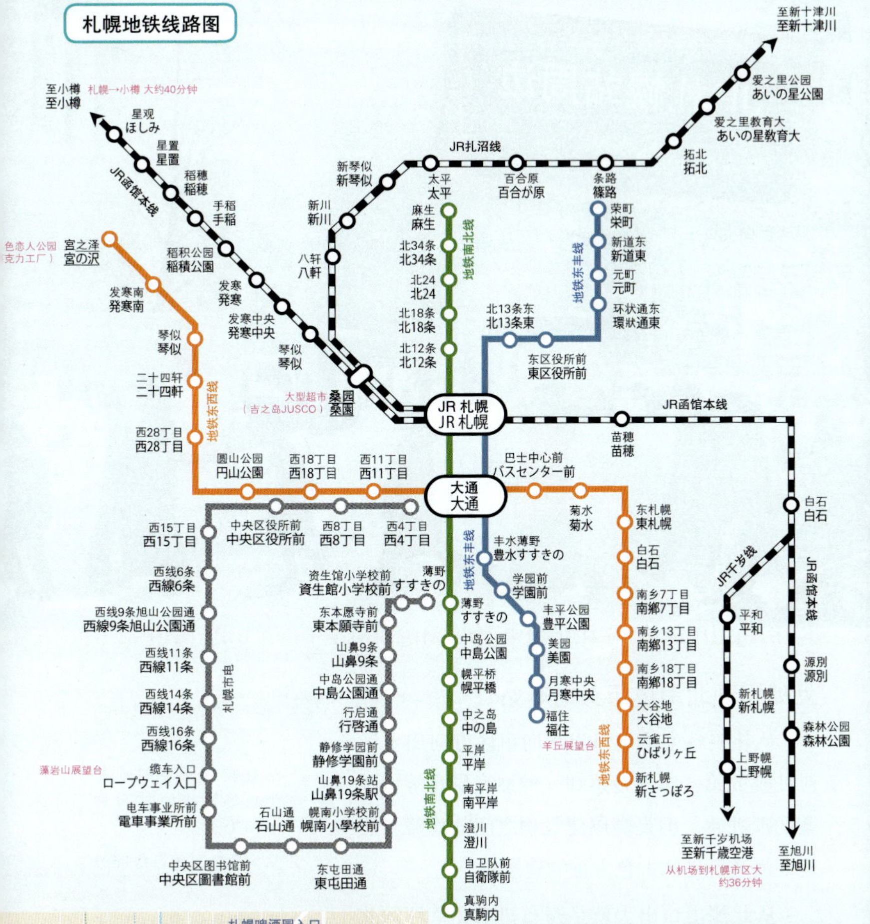

- JR函馆本线（JR 函館本線），JR札沼线（JR 札沼線），JR千岁线（JR千歳線）
- 地铁东西线（東西線）
- 地铁南北线（南北線）
- 地铁东丰线（東豊線）
- 札幌市电车（札幌市電）

JR札幌站周边

札幌駅

处处展现北海道历史的车站

从札幌站南侧出口出来向市区方向出发，对札幌的第一印象是感到一种被高层建筑包围着的孤独感。但是高层建筑物之间却隐藏着展现北海道历史的古色古香的建筑物。

从北侧出口出去就是遍布树木和草坪的北海道大学，可以欣赏日本大学的风貌，享受散步的乐趣。并且札幌站周边聚集着百货商店和电子产品专营店，可以让你尽享旅游的乐趣。

Access 交通

1 从札幌新千岁机场乘坐机场快线约40分钟（1070日元）

2 从大通公园步行约15分钟

3 从小樽乘坐JR列车约40分钟（640日元）

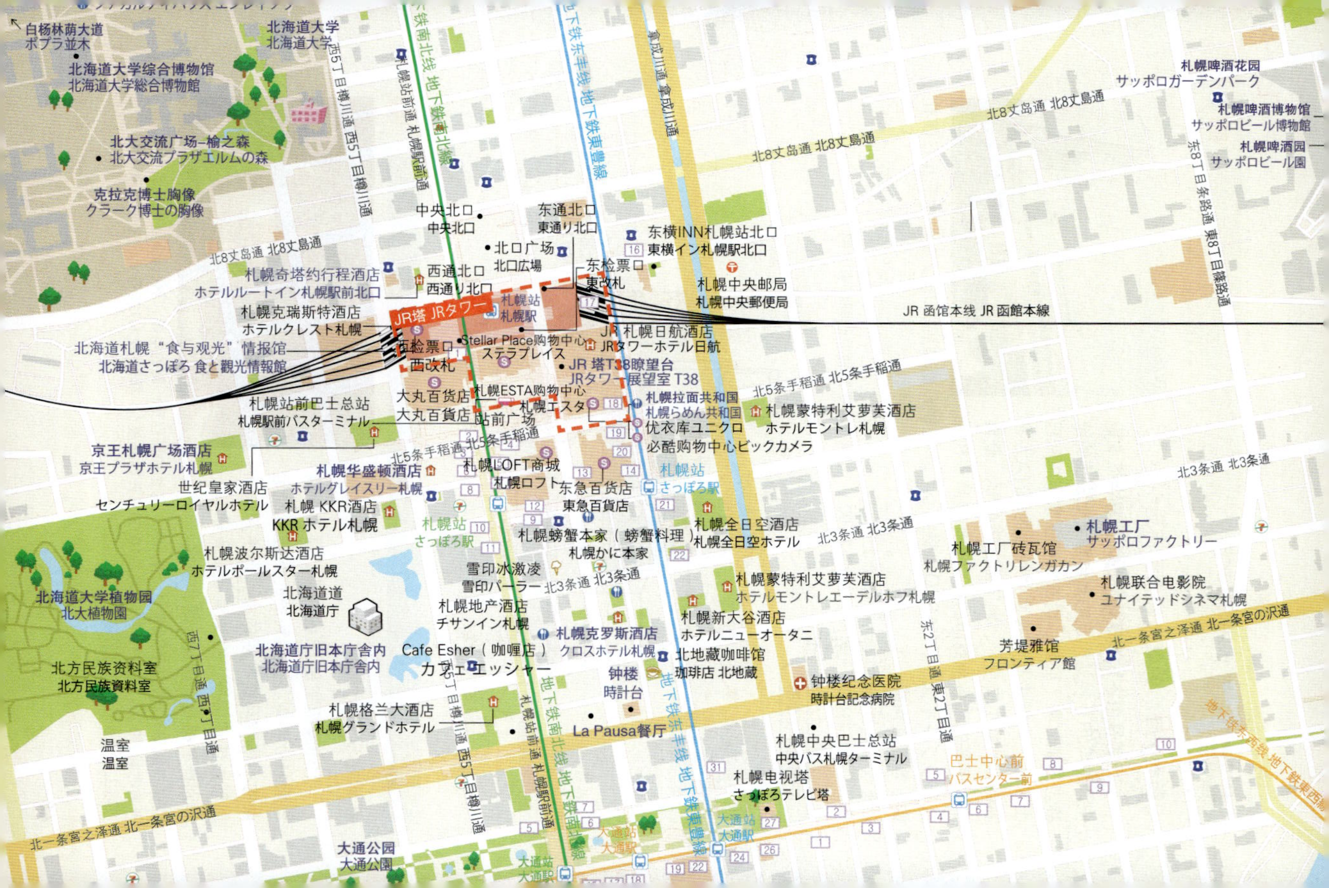

白杨林荫大道
ポプラ並木
北海道大学
北海道大学
北海道大学综合博物馆
北海道大学総合博物館
北大交流广场–榆之森
北大交流プラザエルムの森
克拉克博士胸像
クラーク博士の胸像
札幌啤酒花园
サッポロガーデンパーク
札幌啤酒博物馆
サッポロビール博物館
札幌啤酒园
サッポロビール園
北8丈岛通 北8丈島通
东8丁目条路通 東8丁目篠路通
拿成川通 拿成川通
地下铁南北线 地下鉄南北線
地下铁东丰线 地下鉄東豊線
札幌站前通 札幌駅前通
西5丁目樽川通 西5丁目樽川通
中央北口
中央北口
东通北口
東通り北口
北口广场
北口広場
东横INN札幌站北口
東横イン札幌駅北口
西通北口
西通り北口
东检票口
東改札
札幌中央邮局
札幌中央郵便局
札幌奇塔约行程酒店
ホテルルートイン札幌駅前北口
札幌克瑞斯特酒店
ホテルクレスト札幌
JR塔 JRタワー
札幌站
札幌駅
JR 函馆本线 JR 函館本線
JR札幌日航酒店
JRタワーホテル日航
北海道札幌“食与观光”情报馆
北海道さっぽろ 食と観光情報館
西检票口
西改札
Stellar Place购物中心
ステラプレイス
JR塔T38瞭望台
JRタワー展望室 T38
北5条手稻通 北5条手稲通
大丸百货店
大丸百貨店
札幌ESTA购物中心
札幌エスタ
札幌拉面共和国
札幌らめん共和国
札幌蒙特利艾萝芙酒店
ホテルモントレ札幌
札幌站前巴士总站
札幌駅前バスターミナル
站前广场
优衣库ユニクロ
必酷购物中心ビックカメラ
京王札幌广场酒店
京王プラザホテル札幌
札幌华盛顿酒店
ホテルグレイスリー札幌
札幌LOFT商城
札幌ロフト
东急百货店
東急百貨店
札幌站
さっぽろ駅
世纪皇家酒店
センチュリーロイヤルホテル
札幌 KKR酒店
KKR ホテル札幌
札幌站
さっぽろ駅
札幌螃蟹本家（螃蟹料理）
札幌かに本家
札幌全日空酒店
札幌全日空ホテル
北3条通 北3条通
札幌工厂
サッポロファクトリー
札幌工厂砖瓦馆
札幌ファクトリレンガカン
札幌波尔斯达酒店
ホテルポールスター札幌
雪印冰激凌
雪印パーラー
札幌蒙特利艾萝芙酒店
ホテルモントレエーデルホフ札幌
札幌联合电影院
ユナイテッドシネマ札幌
北海道大学植物园
北大植物園
北海道道
北海道庁
札幌地产酒店
チサンイン札幌
札幌新大谷酒店
ホテルニューオータニ
札幌克罗斯酒店
クロスホテル札幌
北海道庁旧本庁舍内
北海道庁旧本庁舎内
Cafe Esher（咖喱店）
カフェエッシャー
北地藏咖啡馆
珈琲店 北地蔵
芳堤雅馆
フロンティア館
北一条宫之泽通 北一条宮の沢通
北方民族资料室
北方民族資料室
西7丁目通 西7丁目通
钟楼
時計台
钟楼纪念医院
時計台記念病院
东2丁目通 東2丁目通
札幌格兰大酒店
札幌グランドホテル
La Pausa餐厅
札幌中央巴士总站
中央バス札幌ターミナル
温室
温室
札幌电视塔
さっぽろテレビ塔
巴士中心前
バスセンター前
地下铁东西线 地下鉄東西線
大通站
大通駅
大通公园
大通公園

札幌JR塔 カレーのふらのや

汇聚各类商店的复合式大型商业中心

JR塔是由各大商家构成的大型复合商业设施，是与JR札幌站相连的复合型商业设施的统称。这里汇集了必酷、优衣库等多家商店和巴士总站，内部由札幌拉面共和国的ESTA大食品街（札幌エスタ）、地下商业街APIA、聚集了众多餐馆和各色商店的札幌无印良品（札幌ステラプレイス）、PASEO购物中心、JR札幌日航酒店（JRタワーホテル日航札幌）等商家构成。

位置 与JR札幌站相连购物时间 10:00~21:00
餐厅 11:00~21:30（无印良品营业至23:00）/根据商店不同营业时间稍有不同

JR塔立体模型图

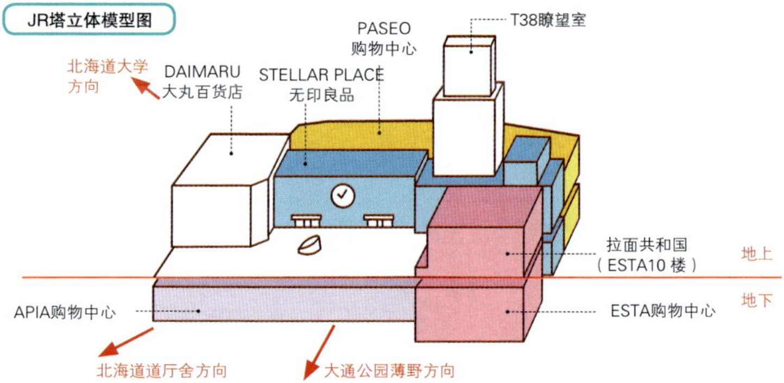

JR塔T38瞭望室 JRタワー展望室T38

札幌市区尽收眼底

T38瞭望室是JR塔的最上层，距离地面160米高。在晴天的时候能看到远处的小樽和环绕札幌的山。洗手间的四周都由玻璃构成，在这里欣赏夜景有一种别样的感觉，因此而更为有名。

位置 搭乘JR札幌站东侧检票口（東改札）旁边的星巴克一侧的电梯，到6楼乘坐专用的电梯
开放时间 09:30~22:30（10~5月从10:00点开始开放） **票价** 成人720日元，中学生500日元，3岁以上儿童和小学生300日元

JR塔餐饮介绍 JRタワーグルメ

各大美食齐聚一堂

在大丸百货店、无印良品、PASEO、ESTA里面有麦当劳、摩斯汉堡、星巴克、吉野屋（盖饭连锁店）等快餐店，以及家庭式餐馆、高级西餐厅、咖啡店等。因为与购物中心相连接，因此很容易找到位置。在这里不仅能品尝美食，还能购物及游览瞭望台，可以与札幌近郊游一起纳入行程中。以下推荐的餐馆是除西餐厅和咖啡店之外很受大众欢迎的地方，游客们可以根据自己的喜好选择。

根室花丸回转寿司 回転寿司 根室花まる

品尝北海道新鲜的美味寿司

回转寿司专营店，这里的寿司均使用北海道最东边的最大渔场——根室港直送的新鲜海产品做成。一盘140日元起价。店内出售只有在北海道才能吃到的7~8种美食，并根据季节而变换，店内还有炸制食品和乌冬面等多种单点食品。PASEO购物中心地下一楼、薄野都有旗舰店，钟楼前面的“町之寿司家四季花丸（町のすし家四季花まる）”也是旗舰店。

位置 无印良品Center6楼/与JR札幌站相连 **营业时间** 11:00~23:00 **电话** 011-209-5330 **价格** 1,000日元起

La Maison Ensoleille Table

著名手工水果馅饼专营店

以南半球的家庭氛围为概念的舒适淡雅的咖啡厅。这里有甜点和简餐，最有人气的当属内含丰富水果的十余种手工水果馅饼。花970日元可以点香草茶或咖啡，可以选择水果馅饼作为午饭或晚饭的甜点。

位置 无印良品购物中心6楼/与JR 札幌站相连
营业时间 11:00~23:00
电话 011-209-5106
价格 500日元起

鹤群 たづむら

猪排饭专营店

猪排饭首创于130多年前，这家店再现了130年多年前明治时代的猪排饭风味。最著名的是“里脊猪排饭（ぶったたきとんかつ）”，每天仅卖20份。鹤群连锁店在北海道只有一家。除里脊猪排饭之外，还会根据时节情况推出限定的菜式。米饭的量非常大，所以很受男顾客们的欢迎。

位置 圆山百货店8楼/与JR札幌站相连
营业时间 11:00~21:30 **电话** 011-828-1258
价格 1,200日元起

午茶风光 Afternoon Tea TEAROOM

享受下午茶和简餐的餐厅

由专门销售精致室内装饰品和家居用品的专营店经营的下午茶餐厅。有红茶及英国茶饼、蛋糕、苹果派等多种甜点，在这里可以享用简餐和甜点。圆山的这家餐厅天顶很高，空间宽敞，给人一种畅快舒适的感觉，就像酒店大厅，因此在购物时可以来这里休息片刻。

位置 圆山百货店3楼 / 与JR札幌站相连
营业时间 10:00~20:00 **电话** 011-252-3284
价格 茶700日元左右，下午茶套餐 1,470日元

北果楼 北菓楼 KITAKARO

圆山百货店限量版C杯、F杯布丁

北果楼是北海道颇具代表性的果子店。在这里能买到圆山百货店限量销售的C杯和F杯的布丁。这种奇特的名称能使人联想起女性内衣尺寸，其实C杯指的是用奶酪做成的布丁，F杯指的是用水果做成的布丁。根据季节推出不同的限量美食，无论任何时候去北果楼都会让你体验到独具特色的风味。

位置 圆山百货店地下1楼/ 与JR札幌站相连
时间 10:00~20:00 **价格** C杯布丁 270日元，F杯布丁 360日元

Kitamaru きたまる KITAMARU

采用近郊农舍和港口直送的蔬菜和海鲜等新鲜当季食材的日本料理专营店。店内有多种单点菜式，这里不仅能吃饭，还是适于喝酒的地方。每月有不同的当季菜式（以“00月の旬”的形式标记），无不凝聚了专业厨师的创意。花费1000日元就能点包含饮料在内的午饭套餐，与店内高档的装潢和精致的美食相比，简直是物超所值。

位置 PASEO1楼西 /与JR札幌站相连
营业时间11:00~23:15 **电话** 011-213-5005
价格 午饭1,000~2,000日元，
晚饭2,000~3,000日元

宫越屋咖啡 宮越屋珈琲

札幌的代表性咖啡专营店

宫越屋咖啡店创建于三十年前大通公园西侧的圆山公园附近，创立的理念在于“美味的咖啡和舒适的休闲空间”。最初的小咖啡店如今已经发展成为拥有以札幌和东京为中心的二十八家连锁店的企业。优质的咖啡豆和优良的焙煎技术使这家咖啡店拥有了众多回头客。是札幌颇具代表性的咖啡专营店。

位置 PASEO购物中心1楼西/ 与JR札幌站相连接 **时间** 07:30~22:00 **电话** 011-213-5606

Lavi汤咖喱店 Soup Curry Lavi

北海道的著名汤咖喱专营店

将牛骨、鸡皮、香米、蔬菜等材料炖煮十个小时以上而制成肉汤，配以严格选配的十五种香料，再放入炒过的甜味洋葱、肉末、西红柿，这些材料的绝妙搭配，造就了味道一流的汤咖喱。一定要品尝一下北海道的代表性美食汤咖喱。

位置 ESTA购物中心10楼 / 与JR札幌站相连
营业时间 11:00~22:00 **电话** 010-232-2020

札幌拉面共和国 札幌らーめん共和国

带有20世纪60年代街道风情的拉面主题广场

札幌拉面共和国位于札幌ESTA10楼的食品街，这里聚集了札幌最著名的拉面店。在拉面共和国的入口有选票，由顾客每月投票选出拉面王（らーめん王），因此各拉面店都竭尽全力为了呈现出更美味的拉面而努力。札幌还有专门销售与拉面相关的纪念品的博物馆商店。拉面共和国的整体氛围再现了20世纪60年代的日本街道的风情。

位置 ESTA10楼 / 从JR札幌站东侧检票口（東改札）步行5分钟 **时间** 11:00~22:00

北海道大学 北海道大学

日本五大名牌大学之一

北海道大学与东京大学、早稻田大学、京都大学、九州大学并称为日本首屈一指的名牌大学。因为坐落于以酪农业和农业而闻名的北海道，北海道大学的农学系是名副其实的强势专业。在校园里有为北海道大学的创立做出巨大贡献的首任校长克拉克博士的雕像。在旅途中参观日本的大学，感受与本国大学不同的校园文化也是不错的选择。

地址 北海道札幌市北区北8条西5丁目

位置 从JR札幌站西通北口（西通り北口）出来步行8分钟

开放时间 可自由参观，个别地方有休馆日

克拉克博士雕像 クラーク博士の

青年们，要胸怀大志

虽然克拉克博士雕像并不是什么壮观或让人激动的景点，但是参观为北海道的发展做出巨大贡献的克拉克博士的雕像也不失为一件有意义的事情。克拉克博士是首任校长，他最为人知的名言是："青年们，要胸怀大志（Boys，beambitious）。"为了纪念他，在北海道大学和羊丘展望台都建有他的铜像。北海道大学里的是他的半身像，羊丘展望台则是一座一只手指向远方的全身像，展现了他胸怀大志的气魄。

位置 从北海道大学正门直走，步行约10分钟，位于古河纪念讲堂对面

白杨林荫大道 ポプラ並木

一抹亮丽的风景

北海道大学遍布广阔的草坪和树木，但是最亮丽的风景莫过于白杨林荫大道。走到综合博物馆后面的路上就能看到修长的白杨林荫大道。近来医学院的附属医院前的银杏林荫大道也很受欢迎。

位置 从北海道大学综合博物馆向左转，步行约5分钟

北大交流广场——榆之森 北大交流プラザエルムの森

北海道大学宣传中心

是北海道大学的宣传中心，为本国人提供入学相关信息，为游客们提供校园参观指南。同时还设有销售北海道大学纪念品的商店，在这里不仅可以买到文具，还能买到曲奇饼干、火腿、日本酒以及多种纪念品。榆之森大楼是北海道大学最古老的建筑之一，建于1901年，被指定为文化遗产。

位置 从克拉克博士半身像所在的中央大路走到左边的路直走，步行约5分钟。

开放时间 09:00~16:30 /（4月~11月）每日开放 /（12月~3月）周六、周日及公休日闭馆

Faculty House——延龄草 ファカルティハウスエンレイソウ

向大众开放的公共设施

位于广阔的北海道大学中央，被用来举行教职工聚会、美术社团的展览会等小规模的活动。设有会议室、画廊、餐厅等，非校内人士也可以使用。

位置 从北海道大学综合博物馆步行3分钟

餐厅营业时间 11:30~17:00

北海道大学综合博物馆 北海道大学総合博物館

北海道大学最古老的建筑

北海道大学综合博物馆是建于1929年的一座哥特式建筑，是北海道大学钢筋混凝土构造建筑中最古老的建筑，具有悠久历史，收藏有记载北海道大学历史及早期大学情况的珍贵学术资料。该博物馆向大众开放，但是因为毕竟陈旧，参观的人并不多。博物馆的二楼有博物馆商店，可以买到印有北海道大学标志的大学T恤衫、包、文具等纪念品。

位置 从克拉克博士半身像转入中央道路右侧的路直行，步行约7分钟。

开放时间 09:30~16:30（6.1.~10.31.），10:00~16:00（11.1.~5.31.）/ 星期一，12.28.~1.4.）休馆 **费用** 免费

札幌啤酒花园 サッポロガーデンパーク

尽享札幌啤酒

札幌啤酒园（サッポロビール園）是札幌啤酒博物馆（サッポロビール博物館）所在地，相比札幌啤酒花园，更多被人称为札幌啤酒园。该园始建于1890年，用红色砖墙建成，截止到20世纪60年代一直被用作啤酒工厂，现在主要由可以品尝三种啤酒的啤酒博物馆和可以品尝成吉思汗烤肉料理的众多餐馆构成。后面有超市和专门销售婴儿用品的Ario商场。

（※成吉思汗烤肉——将羊肉放到圆形的铁板上烤制而成的北海道乡土美食，也可混入蔬菜和海鲜烤制）

地址 札幌市东区北7条东9丁目2-10 **位置** ❶JR札幌站北侧出口的2号站牌搭乘188路巴士（210日元），需要花费7分钟 ❷ JR 札幌站南侧出口"札幌站前巴士站"3号站牌（东急百货店南侧）搭乘88路巴士（SAPPORO WALK 巴士）（210日元），经过札幌工厂，需要花费20分钟 ❸ 从JR札幌站北侧出口出来搭乘出租车，约花费8分钟（约800日元）❹从东区役所前地铁站（東区役所前）4号出口出来，步行约10分钟

札幌啤酒博物馆开馆时间 09:00~18:00
费用 免费 **札幌啤酒园开放时间** 11:30~22:00（截止到21:30之前预订）

札幌啤酒博物馆和开拓使啤酒博物馆

TRAVEL tip

位于札幌啤酒园的"札幌啤酒博物馆"和位于札幌工厂的"开拓使啤酒博物馆"不仅名称相似，而且同样都可以品尝酿造的啤酒，陈列着大量的资料。两个地方都是免门票参观，所以您尽可以放松前去参观，一并逛一逛象征北海道的红砖建成的购物中心。

可以乘坐巴士或出租车前去，巴士的运行间隔是20~30分钟。出租车的费用是800~1，000日元，3~4个人一起乘坐比较合算。

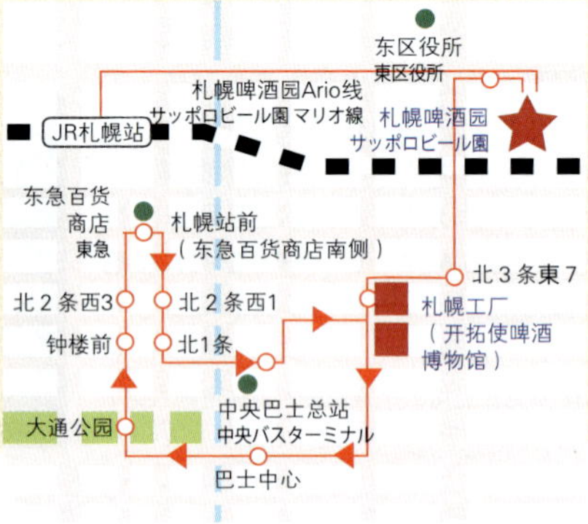

札幌工厂 SAPPORO FACTORY

汇集商业综合设施于一身的日本国产酿造啤酒的发祥地

建于1876年，包括以日本最早的啤酒工厂建筑为中心的6个建筑物及广场，共七部分区域，是个以购物中心为核心的复合商业设施。最显眼的建筑之一当属覆盖着玻璃房顶的“中庭（アトリウム）”，它的外形使人联想起欧洲火车站。此外还有著名的红砖建筑“开拓使麦酒酿造所（札幌開拓使麦酒醸造所）”。另外每年11~12月份，这里将放置巨大的圣诞树，也是著名的景观。札幌工厂汇集了160多个商店、餐馆、咖啡店等，1条馆（1-jo Kan）汇集了电影院、大型玩具店以及厨房生活的展示厅等，2条馆（2-jo Kan）聚集了众多户外和运动品牌，3条馆（3-jo Kan）主要以销售室内装饰用品、日用杂货为主，芳堤雅馆（Frontier Kan）有很多食品超市、食品杂货店等。

地址 札幌市中央区北2条东4丁目 **位置** 在JR札幌站前巴士站乘坐88路巴士，大约需要5分钟（乘坐开往札幌啤酒花园的巴士），从JR札幌站步行12分钟 **电话** 011-207-5000 **营业时间** 10:00~20:00（商店），10:00~22:00（餐厅）

札幌开拓使麦酒酿造所 札幌開拓使麦酒醸造所

日本国内最早的啤酒酿造厂

札幌工厂内最引人注目的就是被称为砖瓦馆（Renga Kan）的红砖建筑。到处是北海道的名牌点心、艺术品和工艺杂货。这里有再现140年前氛围的当地啤酒酿造所和啤酒馆（见学馆）。并且在砖瓦馆一楼有银座狮子经营的大型啤酒馆札幌开拓使啤酒馆（ビヤケラー札幌開拓使）。

开拓使啤酒博物馆 10:00~22:00 / 免费参观，**试饮费用** 250日元
开拓使啤酒馆营业时间 11:00~22:00

北海道厅旧红砖厅舍 北海道庁旧本庁舎

保留古风古韵的建筑

建成于1888年，之后80年的时间被用作北海道政府大楼。因为外观由250万块红砖建成，因此出于“红砖建筑”的意思被称作“红砖厅舍（赤レンガ）”。大楼的周围有池塘及庭院装点，内部仍然保留着旧时的古香古色，供民众免费参观。这里能让人感受到北海道开拓时期的风貌。红砖厅舍后面的两座建筑是北海道现在的政府办公楼。大部分的游客只是从正面观看外观，如果绕到建筑的后面，能看到屋顶上像烟囱一样的通风口以及其他颇具特色的建筑风貌。

地址 札幌市中央区北3条西6丁目 **位置** 从JR札幌站步行约7分钟 **开放时间** 08:45~18:00（12.29.~1.3. 闭馆） **参观费用** 免费

北海道大学植物园 北大植物園

四千余种植物齐聚一堂

由于冬天只开放温室，所以冬天去旅游的话难免有些遗憾。北海道大学植物园是北海道大学以研究为目的而设立的机构，已有120多年的历史。拥有13万平方米的广阔空间，生存着四千余种植物，在北方民族资料馆内保存着关于北海道历史和自然以及原住民阿依努人文化的资料。

地址 札幌市中央区北 3 条西 8 丁目 **位置** 从 JR 札幌站步行约 10 分钟，从大同公园步行约 5 分钟 **开放时间** 09:00~15:30（周一闭馆）**冬季** 10:00~15:00（周日及法定假日闭馆）**门票** 成人 400 日元，儿童 280 日元

札幌市钟楼 時計台 시계탑

札幌市内代表性景点

和红砖厅舍并称为札幌市内代表性景点，代表着札幌市的形象。建成于1878年，被用作北海道大学军事训练的练兵场。1881年新建了塔尖部分，安放了直径1.6米的巨大时钟。每到整点，时钟就会发出相应次数的响声。现在由于周围高层建筑过多，只能在钟楼周围才能听到钟声，据说过去在札幌市任何一个角落都能听到钟声。在钟楼的前面指定了拍照点，但是因为人多拥挤，所以想要拍摄钟楼全貌并不容易。钟楼对面的大楼二楼设有可以清楚观看钟楼的露台，在这里可以拍摄钟楼的全貌。大楼内还陈列着有关钟楼的多种资料。

位置 从JR札幌站步行10分钟，从大通公园步行3分钟 **开放时间** 08:45~17:10 /（6月~10月）每月第四个周一闭馆，（11月~5月）每周周一闭馆，（12.28.~1.3.）闭馆 **门票** 初中生以上200日元，初中生以下免费 **钟楼、电视塔通票（時計台，テレビ塔交通入場券）** 成人720日元，中学生640日元

LaPausa钟楼前店 LaPausa 時計台前店

可以尽情享用美食的意大利家庭式餐厅

LaPausa以东京为中心开设了五十余家店，以家庭式餐馆的形式主营意大利菜。以意大利面590日元起，比萨490日元起的较低价格，让你在轻松的氛围中享受美食。如果选择“放开吃（食べ放題）”，成人1480日元就可以两小时无限制尽情享用4种比萨及14种意大利面。如果追加1000日元，选择“放开喝（飲み放題）”，除享用自助的菜单和酒类外，还能无限制饮用四十余种饮料。

地址 北海道札幌市中央区北 1 条西 3 丁目 **位置** 钟楼对面，从大通公园地铁站步行约 4 分钟 **电话** 011-252-2231 **营业时间** 11:00~23:30

大通公园和薄野
大通公園

札幌市中心的繁华商业区和休息场所

大通公园将札幌分为以JR札幌站为中心的北部市区和以薄野为中心的南部市区。长长的公园是市民们在市中心的休息场所，也是举办冰雪节及啤酒节的场所。薄野是札幌最具代表性的繁华商业区，汇集了无数餐馆，吸引了美食家们的驻足。2011年建成了从札幌站到薄野的地下商业街，市民们可以不受季节和天气的影响，享受商业街带来的便利。

Access 交通

1 从JR札幌站南侧出口（南口）出去步行约10分钟

2 从札幌站乘坐地铁南北线或东西线约2分钟（200日元）

依蒂娅咖啡店
北一条宫之泽通 北一条宮の沢通
巴士中心前
バスセンター前
札幌电视塔
さっぽろテレビ塔
大通
札幌市资料馆
札幌市資料館
大通公园
大通公園
札幌东京圆顶酒店
東京ドームホテル札幌
西11丁目
西11丁目
札幌大仓山酒店
ホテルオークラ札幌
西4丁目
西4丁目
西7丁目通 西7丁目通
西8丁目
西8丁目
横丁拉面街
スープカレー横丁
地下铁东丰线 地下鉄東豊線
地下铁南北线 地下鉄南北線
札幌二条市场
札幌二条市場
唐吉可德超市
狸小路 狸小路
中央区役所前
中央区役所前
札幌APA酒店
アパホテル札幌
新札幌太阳道酒店
ホテルサンルートニュー札幌
札幌东武酒店
札幌東武ホテル
狸小路 狸小路
北斗星土锅汉堡
土鍋ハンバーグ 北斗星
月寒通 月寒通
札幌里昂皇宫酒店
ホテルレオパレス札幌
札幌多美茵高级旅馆别馆
ドーミーイン札幌ANNEX
薄野
すすきの
羊羊亭
札幌薄野绿色酒店1
すすきのグリーンホテル
东3丁目通 東3丁目通
札幌王子酒店
札幌プリンスホテル
薄野
すすきの
新横丁拉面街
新ラーメン横丁
丰水薄野
豊水すすきの
札幌荣盛酒店
ロンサンホテル
创成川通 のびる通????
资生馆小学校前
資生館小学校前
札幌东急酒店
札幌東急イン
Plaza109
プラザ109
田畑医院
田畑病院
元祖横丁拉面街
元祖ラーメン横丁
CLUB SEGA
クラブセガ
月寒通 月寒通
札幌阳光广场酒店
ソンプルラジャ札幌
薄野绿色酒店2
ススキノグーリンホテル2
成吉思汗烤肉达摩本店
成吉思汗だるま
荣屋乌冬
栄屋うどん
hirihiri Nights
ヒリヒリナイツ
石山通 石山通
帕科薄野初级酒店
ホテルパコジュニアすすきの
成吉思汗
鮨六
すし六
满龙
満龍
薄野市场
すすきの市場
融程酒店别馆
ホテルシャンアネックス
札幌spa
札幌スパ
札幌站前通 札幌駅前通
南7条光车通 南7条光車通
札幌薄野绿色酒店3
ススキノグーリンホテル3
信玄拉面
虾拉面一幻
东本愿寺前
東本願寺前
札幌蓝波酒店
ブルーウェーブイン札幌
东本愿图书馆
東本願図書館
东本愿寺
東本願寺
中岛公园
中島公園
札幌艺术酒店
アートホテル札幌
山鼻9条
山鼻9条
菊水旭山公园通 菊水旭山公園通
菊水旭山公园通 菊水旭山公園通
麒麟啤酒园
キリンビール園
石山通 石山通

大通公园 大通公園

因冰雪节而闻名的札幌最大的市民公园

位于札幌市中心，东西走向的狭长构造，是札幌最大的市民公园。公园的中心有用艳丽花朵装点的庭院，花坛、喷泉、草坪错落有致。一年四季始终有多种多样的庆典活动和看点。5月份有丁香节，7月份有札幌夏季欢乐节，冬天在这里举办世界闻名的札幌冰雪节（札幌雪祭）。按照北海道开拓时期的规划，札幌市的北部主要是以道厅为首的政府办公大楼，南部林立着商业区和住宅。为了在两个区域之间构建防火带而修建了大通公园。第二次世界大战时期，为了供应粮食，在大通公园种植过红薯。战后曾经有一段时间因为搁置垃圾，环境遭到破坏。日本的地址通常用丁目来划分，大通公园面积广阔，分布在1丁目到13丁目之间，步行需要30分钟。各个丁目的南北约65米，东西约110米。

位置 从JR札幌站南侧出口（南口）出来后步行约10分钟，与大通地铁站相连

札幌电视塔 さっぽろテレビ塔

大通公园的象征性建筑

札幌电视塔位于大通公园最东侧的1丁目，是一座高约147米的铁塔，是大通公园的象征性建筑。在90.39米高的支点上有瞭望台，可以将大通公园一览无余。这里还有很多销售电视塔模型纪念品（テレビ父さん）的商店以及咖啡厅、餐馆等。

位置 大通公园1丁目 **瞭望台开放时间** 09:00~22:00（5~10月），09:30~21:30（11~4月）**瞭望台门票** 700日元，高中生600日元，初中生400日元，小学生300日元，3岁以上100日元 **札幌钟楼、电视塔通票** 成人720日元，中学生640日元

札幌市地下 さっぽろ地下

札幌徒步旅行小贴士

札幌从12月到2月份经常下雪，在札幌市里徒步旅行时，最方便的要属地下商业街了。2011年建成了连接JR札幌站到大通公园地下的“札幌站前大道地下步行街（札幌駅前通地下歩行空間）”，使市民们可以在札幌站从地下到达薄野、狸小路。不仅不受天气的制约，也不需要等待信号灯过马路，所以走地下步行街可以更舒适地旅行，但是要注意寻找出口。

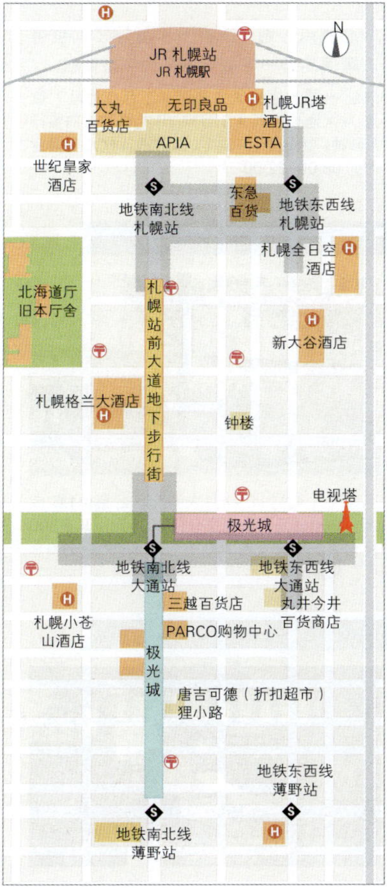

札幌站前大道地下步行街

札幌駅前通地下歩行空間

地下步行街连接札幌站到大通公园，距离长520米，开放时间是从早晨5点45分到24点30分。人们习惯简称为“地下空间（チ・カ・ホ）”，它作为连接通路发挥了重要作用。游客常去的札幌高级酒店——札幌格兰大酒店是唯一一家与地下步行街相连的酒店。

极光城和北极城

AURORA TOWN, POLE TOWN

连接大通公园地下到薄野的地下商店街于1971年开始营业，被称为“札幌地下街（さっぽろ地下街）”。从札幌电视塔到大通地铁站之间有“极光城（AURORA TOWN）”购物街，从大通站经过狸小路到薄野之间有“北极城（LE TOWN）”购物街，两个地方都聚集着众多商店和餐馆，繁华程度不同于一般的步行街。

石屋咖啡馆 ISHIYA CAFE

人气爆棚的松饼咖啡馆

北海道最具人气的饼干“白色恋人”制造商石屋制果株式会社于2012年开设的主题咖啡馆。厚厚的松饼是这里的代表美食。在入口处点松饼之后会标记出等待时间（ホットケーキ待ち時間），可供客人参考。如果把松饼当作饭后甜点，两个人点一个就够了，也可以顺便品尝一下造型漂亮的杯型蛋糕。

地址 札幌市中央区大通西 4 丁目 6 番地 1 **位置** 从大通公园西 4 丁目向 JR 札幌站方向步行 1 分钟，大通西 4-6-1（大通西 4 ビル）**营业时间** 08:00~22:00

札幌观光幌马车 札幌観光幌馬車

札幌市内观光马车

从大通公园出发围绕札幌市中心的循环观光马车。从大通公园出发，经过钟楼和北海道厅旧红砖厅舍返回的路线，还有经过电视塔和大通公园的路线。两条路线都需要40分钟，费用相同。上到观光马车的二层可以看到别具一格的札幌市区景色。

位置 大通4丁目，大通站5号出口正前方 **时间** 10:00，11:00，13:00，14:00，15:00，16:00（9月~11月运行时间截止到15:00）/ 周三、下雨天、4月11日~4月末停止营业 **票价1层** 成人1,800日元，小学生 1,000日元，儿童500日元 / **2层** 成人2,200日元，小学生1,200日元，儿童600日元

烤玉米 とうきびワゴン

大通公园的著名小吃摊

7月份大通公园会出现很多小吃摊。将玉米（とうきび）和红薯（ジャガイモ）等北海道新收的农产品烤熟出售给路人。

位置 大通公园一带 **价格** 玉米300日元，红薯250日元

札幌市资料馆 札幌市資料館

札幌市的文化历史资料展览馆

札幌控诉院1926年建成后，被用作札幌高等裁判所。建筑物外还保留着札幌法院的字样，还雕刻着蒙住眼睛的正义女神像，象征着公正审判。1973年高等裁判所迁移到别的地方，这里便成为陈列札幌市文化历史的资料馆。资料馆还存有再现裁判所原貌的陈列室。

位置 大通13丁目，从地铁东西线西11丁目站步行5分钟 **时间** 09:00~19:00（周一，12.29.~1.3.休馆） **票价** 免费

薄野 すすきの

北海道最繁华的街区

与东京新宿的歌舞伎町、北海道的中津并称为日本三大娱乐中心，汇集了众多娱乐场所和美食。大约4000多家餐馆、酒吧以及成人用品店，夜幕降临时就显露出真正的面貌。喜欢拉面的游客们常去远足拉面街和狸小路购物街。

位置 地铁薄野站一带，从大通公园步行约5分钟，从JR札幌站步行约20分钟

狸小路 狸小路

薄野地区的主要商店街

自北海道1869年设立开拓使后开始建成的商店街，是北海道历史最悠久也是最繁华的商店街。商店街长900米，包括从1丁目到7丁目的七栋百货大楼、百元店、餐馆等约200多家商铺。因为带有穹顶，无论阴晴雨雪都可以尽享购物的乐趣。因为狸小路的名字中有“狸”字，所以在商店街随处可见可爱的狸猫玩偶。

位置 从大通公园步行约8分钟，从JR札幌站步行约25分钟

唐吉可德超市札幌店 ドン・キホーテ札幌店

商品一应俱全的折扣店

大型折扣超市唐吉可德在日本的主要城市都设有门店，比百元店销售的商品品质优良，出售饼干、饮料、食品、药品、服装等各类商品。略显杂乱的商品陈设和令人咋舌的超低价格让人印象深刻。针对国外游客有“唐吉可德护照折扣活动”，如果购买2000日元以上的商品即可得到唐吉可德超市赠送的纪念品。购买超过1万日元的商品时能享受500日元的折扣。优惠卡可以在加盟旅行社购买商品或车票，或者在日本国内的加盟酒店住宿时使用。

地址 北海道札幌市中央区南二条西3–6 **位置** 从大通公园步行约8分钟，狸小路入口处 **营业时间** 24小时营业

北斗星土锅汉堡 土鍋ハンバーグ北斗星

用陶制土锅煮制的汉堡肉

土锅汉堡是将汉堡肉和酱料、蔬菜放入土锅中煮制而成的料理。在浓稠的炖汤中完美地融入北海道新鲜蔬菜的味道。因为米饭和沙拉不限量，很适合饭量大的男士。不满1000日元的花费就能让您吃得心满意足。

地址 北海道札幌市中央区南3条西1丁目 **位置** 狸小路1丁目（路右侧最末端），从薄野站步行5分钟 **营业时间** 11:00~21:00

羊羊亭 洋々亭

尽情享用成吉思汗烤肉和朝日啤酒自助

生产朝日啤酒的朝日啤酒园及加盟的餐馆兼居酒屋。能容纳超过两百人以上，菜单被印刷成图画，点菜很方便。烤羊肉是主打菜，还有羊肉火锅、螃蟹料理。如果选择“成吉思汗烤肉自助（ラム肉ジンギスカン，放开吃，2，800日元）”和“酒水自助（飲み放題，酒类及饮料放开喝，1，200日元）”，

就可以尽情享用羊肉和朝日啤酒。

地址 北海道札幌市中央区南4条西4丁目
位置 薄野站2号出口正前方，松冈大厦（松岡ビル）5楼
营业时间 17:00~23:00

横丁拉面街 ラーメン横丁

元祖味噌拉面一条街

横丁拉面街始于1950年，狭窄的胡同两侧聚集了17家拉面店。随着横丁拉面街越来越受大众欢迎，就在旁边出现了新横丁拉面街（新ラーメン横丁），因此原来的横丁拉面街的商店开始标注“元祖”二字。现在原来的横丁拉面街的招牌是黄色背景，新横丁拉面街的招牌是白色背景。以汇聚“北海道全部食材（北海道全部のせ，1，100日元）”而闻名的弟子屈横丁店（弟子屈ラーメン）和白桦山庄是最受游客们欢迎的拉面店。如果等待的人太多，您随意进入一家拉面店也能吃到美味的味噌拉面。

位置 从大通公园步行约8分钟，从JR札幌站不习惯约25分钟 **营业时间** 10:00~第二天05:00（各个商店时间各异）

满龙南5条店 満龍 南5条店

适合团体用餐的拉面店

横丁拉面街的拉面店大都是规模比较小的店，很难找到能四个人以上一起用餐的店。如果一行众人想一起品尝著名的札幌拉面，向您推荐在札幌永旺购物中心经营有三个门店的满龙南5条店拉面连锁店。除拉面外还有中国料理，为顾客提供更多选择。

地址 北海道札幌市中央区南5条西3丁目 **位置** 从薄野站步行约4分钟，从横丁拉面街步行2分钟 **经营时间** 19:00到第二天凌晨04:00（周日、节假日营业到凌晨02:00）

羊羊亭成吉思汗烤肉 ジンギスカーン

雅致的成吉思汗烤肉专营店

札幌著名的成吉思汗烤羊肉料理店，特别使用最高级的爱尔兰产羊肉，羊肉固有的膻味不明显。生羊肉（生ラーム）和用盐腌制的排骨肉（塩カルビ）是最具人气的菜品。因为餐馆内座位不多需要排队等待，如果不想等很长时间，推荐您去附近的成吉思汗烤肉达摩本店。

成吉思汗羊羊亭 ジンギスカーン

地址 北海道札幌市中央区南5条西6 **位置** 从地铁薄野站5号出口步行5分钟 **营业时间** 18:00到第二天凌晨01:00

达摩本店 だるま本店

地址 北海道札幌市中央区南五条西 **位置** 从地铁薄野站5号出口步行2分钟 **营业时间** 17:00到第二天凌晨03:00

信玄拉面 ラーメン信玄

美味的辣味噌拉面店

在札幌附近的石狩闯出名气，之后在札幌市内开设门店。虽然距离薄野市中心有一段距离，但是对于喜欢吃拉面的人来说也是值得一去的地方。将猪骨煮50个小时以上做成的拉面汤和蔬菜的完美融合是其美味的秘诀。最受欢迎的菜品是香辣越后拉面和浓汤信州拉面，有用盐调制的清淡的土佐拉面（あっさり）和浓重的酱油拉面水户拉面（こっくり），让顾客有多重选择。

地址 北海道札幌市中央区南6条西8 **位置** 从地铁薄野站步行约10分钟，从电车东本愿寺前站步行约2分钟 **营业时间** 11:30到第二天凌晨01:00

一幻虾拉面 えびそば一幻

美味的虾味拉面

这里经营的不是札幌闻名的味噌拉面，而是著名的荞麦拉面。2013年在东京新宿开设门店。用虾制成汤，将虾的鲜味融合进味噌（えびみそ，虾酱）、酱油（えびしょうゆ,鲜虾酱油）、盐（えびしお，虾盐）三种口味的拉面，顾客可以选择原味拉面（そのまま，原味），风味拉面（ほどほど，加猪骨），浓汤拉面（あじわい，浓汤）。另外还可以选择粗面（極太麺）、细面（細麺）。例如可以点“虾酱原味细面”。

地址 札幌市中央区南7条西9丁目1024–10
位置 从地铁薄野站步行约15分钟，电车东本愿寺前站步行约5分钟

二条市场 二条市場

新鲜的海鲜市场

与函馆的函馆早市和钏路的和商市场并称为北海道三大市场。附近有一条与大海相连的河，自古以来就是海鲜市场，1903年就已经初具现在的规模。主要销售螃蟹、海胆、三文鱼等海产品，还有许多销售蔬菜、水果、糕点以及旅游商品的商店。有很多游客为了目睹传统市场的风貌、品尝餐馆鲜美的海鲜慕名而来。

位置 从地铁大通站35号出口步行5分钟，从札幌电视塔步行12分钟 **营业时间传统市场** 07:00~18:00（各个商店营业时间略有不同）/ **餐馆** 06:00~21:00（各个餐馆营业时间各有不同）

DONBURI茶室 どんぶり茶屋

配有足量海鲜的盖饭专营店

二条市场最具代表性的美食当属海鲜盖饭（海鲜丼）。DONBURI茶室是二条市场代表性海鲜盖饭专营店之一。以三文鱼籽（いくら）、海胆（うに）、三文鱼（サーモン）为主要材料，根据季节不同还放入螃蟹。最受欢迎的菜品是由四小碗海鲜盖饭组成的丸鲜盖饭（丸鲜丼，2,880日元）。菜品有20余种。

地址 札幌市中央区南三条东1–7 **位置** 新二条市场（二条市场旁边）内 **电话** 011–558–1012 **营业时间** 07:30~17:30，终年无休 **价格** 1,500日元起

札幌近郊

札幌近郊

札幌近郊一日游景点

花费一天或半天的时间就可以游完以JR札幌站和薄野为中心的札幌市区。像札幌一样，另一著名旅游城市小樽也是大约半天时间就可以游完。如果旅游行程计划以札幌和小樽为中心，那么可以将更远一点的地方也纳入行程。根据计划的行程可以安排上午游览札幌近郊，然后再去小樽。虽然是札幌郊区，但是从市区乘坐地铁和电车20~30分钟就可以到达。购买一日乘车券或小樽通票，乘坐地铁和电车都能使用，这样可以节省交通费。

Access 交通

从札幌市内乘坐地铁或电车、巴士可以到达。

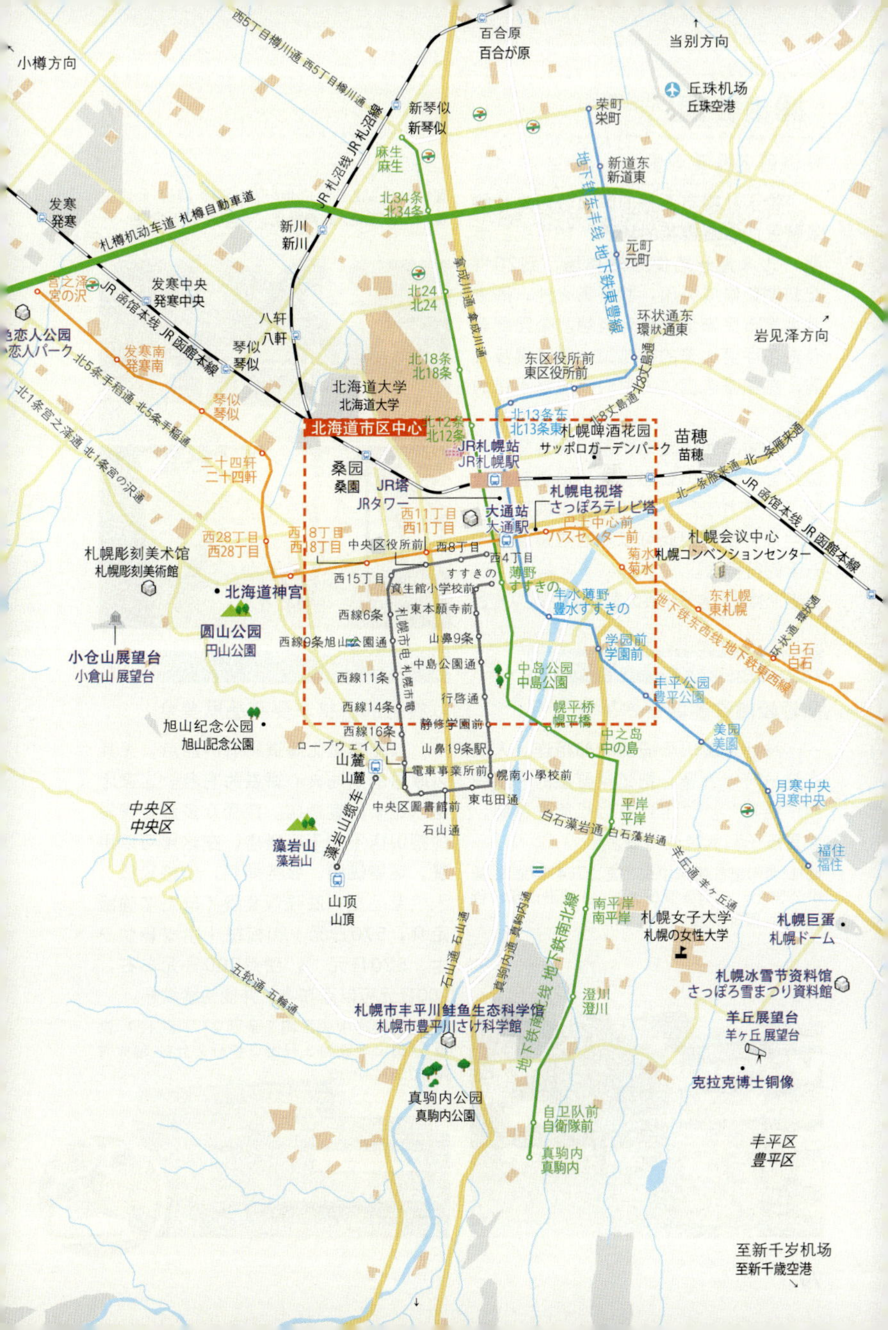

小樽方向
西5丁目樽川通 西5丁目樽川通
百合原
百合が原
当别方向
丘珠机场
丘珠空港
新琴似
新琴似
栄町
栄町
麻生
麻生
JR札沼线 JR札沼線
新道东
新道東
地下铁东丰线 地下鉄東豊線
发寒
発寒
北34条
北34条
札樽机动车道 札樽自動車道
新川
新川
元町
元町
北24
北24
创成川通 創成川通
发寒中央
発寒中央
宫之泽
宮の沢
JR函馆本线 JR函館本線
八轩
八軒
环状通东
環状通東
岩见泽方向
恋人公园
恋人パーク
发寒南
発寒南
琴似
琴似
北5条手稻通 北5条手稲通
北18条
北18条
东区役所前
東区役所前
北海道大学
北海道大学
北1条宫之泽通 北1条宮の沢通
琴似
琴似
北海道市区中心
北12条
北12条
北13条东
北13条東
札幌啤酒花园
サッポロガーデンパーク
苗穗
苗穂
JR札幌站
JR札幌駅
二十四轩
二十四軒
桑园
桑園
JR塔
JRタワー
札幌电视塔
さっぽろテレビ塔
北一条雁来通 北一条雁来通
JR函馆本线 JR函館本線
西11丁目
西11丁目
大通站
大通駅
巴士中心前
バスセンター前
西28丁目
西28丁目
西8丁目
西8丁目
中央区役所前
西8丁目
西4丁目
札幌会议中心
札幌コンベンションセンター
札幌彫刻美术馆
札幌彫刻美術館
菊水
菊水
すすきの
薄野
すすきの
西15丁目
北海道神宫
資生館小学校前
丰水薄野
豊水すすきの
东札幌
東札幌
圆山公园
円山公園
西線6条
東本願寺前
地下铁东西线 地下鉄東西線
环状通 環状通
西線9条旭山公園通
山鼻9条
学园前
学園前
札幌市电 札幌市電
白石
白石
小仓山展望台
小倉山展望台
中島公園通
中岛公园
中島公園
西線11条
丰平公园
豊平公園
行啓通
西線14条
幌平桥
幌平橋
静修学園前
旭山纪念公园
旭山記念公園
西線16条
中之岛
中の島
美园
美園
ロープウェイ入口
山鼻19条
山麓
山麓
電車事業所前
幌南小學校前
月寒中央
月寒中央
中央区図書館前
東屯田通
中央区
中央区
平岸
平岸
白石藻岩通 白石藻岩通
藻岩山缆车
石山通
藻岩山
藻岩山
羊丘通 羊ヶ丘通
福住
福住
山顶
山頂
南平岸
南平岸
札幌女子大学
札幌の女性大学
札幌巨蛋
札幌ドーム
石山通 石山通
真驹内通 真駒内通
地下铁南北线 地下鉄南北線
五轮通 五輪通
札幌冰雪节资料馆
さっぽろ雪まつり資料館
澄川
澄川
札幌市丰平川鲑鱼生态科学馆
札幌市豊平川さけ科学館
羊丘展望台
羊ヶ丘展望台
克拉克博士铜像
真驹内公园
真駒内公園
自卫队前
自衛隊前
真驹内
真駒内
丰平区
豊平区
至新千岁机场
至新千歳空港

圆山公园 円山公園

札幌著名樱花观赏地

位于札幌市西郊的圆山公园是札幌最著名的欣赏樱花的场所。19世纪后半期，北海道开拓使修建林场，到20世纪初期整修成公园，除冬天之外，周末有大量市民来这里野外烧烤。公园周边有很多环境优美的咖啡馆，除了漫步公园，在咖啡店度过闲暇时间也是不错的选择。

公园的西边是动物园，北边是北海道神宫，从圆山公园去往“白色恋人公园（巧克力工厂）”“大仓山展望台”等地很方便，因此可以把这些景点纳入一天的行程内。

地址 北海道札幌市中央区宫之森 **位置** 从地铁圆山公园站2号出口步行约3分钟 **票价** 公园免费/动物园成人600日元，小学生以下免费

北海道神宫 北海道神宮

向轻松熊许愿的日本神社

神社与圆山公园的北部相连。人们在这里可以许愿，把记录愿望的许愿牌叫“绘马”。这里还有轻松熊许愿牌，深受孩子和女性的青睐。

地址 北海道札幌市中央区宫之丘474 **位置** 圆山公园北，从地铁圆山公园站1号出口步行约10分钟 **票价** 免费

六花亭 六花亭

以实惠的价格享受高品质美食

六花亭是北海道特有的甜点，尤其以厚厚的奶油夹心饼最为有名。这家店是六花亭的直营店。深受众多游客喜爱的圆山店不同于小樽店，在这里可以用餐，环境优雅，服务周到，价格较低。人气菜品是十胜强饭套餐（ほたて強飯定食，570日元）和松饼（ホットケーキ，520日元），甜点300日元左右，200日元可以点咖啡，并能持续续杯。

地址 札幌市中央区南2条西27丁目174 **位置** 从圆山地铁站3号出口步行2分钟 **营业时间** 10:30~18:30

白色恋人公园 白い恋人パーク

看点繁多的巧克力工厂

有“白色恋人”意思的白色恋人巧克力是用白色巧克力制成的夹心饼干。自1976年投入生产之后便成为北海道旅游纪念品的首选。建筑外观为粉红色的砖墙。一进到入口就飘来饼干的香味，感觉就像进入童话里的糖果屋一样。在这里可以参观“白色恋人”的制作过程，还可以亲身体验饼干制作。还有咖啡店，市内装潢呈现复古风情，陈列着精美的茶杯和茶壶。室外由喷泉和盛开的美丽玫瑰花的玫瑰园装点。

地址 北海道札幌市西区宫之泽2-2-11-36
位置 从地铁宫之泽站（宮の沢）2号出后步行7分钟/从大通站到宫之泽站花费15分钟，从圆山站到宫之泽站花费5分钟
营业时间 09:00~18:00
票价 高中生以上的成人600日元，初中生以下200日元

枭巢餐厅 レストラン 梟巣

位于足球场内的白咖喱餐厅

从餐厅可以看到日本的职业足球队札幌冈萨多队的练习球场，由白色恋人公园负责经营。虽然这里的甜点很有名，但是这里以用餐为主，与白色恋人相称的白咖喱（白いスープカレー，1,188日元）是这里的主打菜。夏季开放露天平台，可以体会在足球场的观众席上用餐的感觉。

地址 北海道札幌市西区宫之泽2-3
位置 白色恋人公园对面，足球场内
营业时间 10:00~18:00

羊丘展望台 羊ヶ丘展望台

树立克拉克博士的铜像的羊丘

克拉克是北海道大学的首任校长，他最为人熟知的名言是“青年们，要胸怀大志（Boys，beambitious）”。为了纪念他在羊丘树立了他的铜像，羊丘因此而闻名。与北海道大学克拉克博士的半身像不同，这里的雕像以草场为背景，是克拉克抬起一只胳膊指向远方的全身像。羊丘正如其名，夏季可以看到牧羊人来这里放牧。在羊丘展望台可以看到札幌巨蛋，札幌市区尽收眼底。铜像旁边就是札幌冰雪节资料馆和销售旅游纪念品的商店。可以乘坐地铁和巴士从札幌市区到羊丘，推荐使用“共通一日乘车券（1,000日元）”。

札幌冰雪节资料馆 さっぽろ雪まつり資料館

陈列札幌冰雪节历史的资料馆

1950年，被冰雪覆盖的大通公园内树立了六个雪雕，札幌冰雪节由此开始，成为世界三大冰雪节之一。资料馆陈列着冰雪节的历史资料。虽然冰雪节只有一周的时间，但是在资料馆任何时候都能见到冰雪节的照片和资料。

位置 从札幌站乘坐地铁东丰线（東豊線）到达福住（福住）站后（14分钟，240日元），乘坐84路或89路巴士，在羊丘展望台（羊ヶ丘展望台）下车（12分钟，200日元） **开放时间** 08:30~18:00（5.1.~6.30.）/ 08:30~19:00（7.1.~9.30.）/ 09:00~17:00（12.1.~4.30.）

票价 高中生以上的成人500日元，小学生、初中生300日元

札幌巨蛋 札幌ドーム

以最先进设施而著称的圆形球场

札幌巨蛋以拥有日本最先进设施的圆形球场而著称，球场长120米，宽85米，是一个两用球场。在此可以举办棒球赛或足球比赛。举行棒球赛时将足球赛使用的天然草地移到室外。重8300吨的巨大天然足球场草地受气压的影响上浮7.5厘米，使用34台人工卷草机，每分钟移动4米，天然草地以卷轴的样子移动。根据球场的变化，看席座位的位置也一起改变。当没有足球赛时，将把天然草地搬到室外护理。在羊丘展望台能看到札幌巨蛋球场的外观，为全面了解札幌巨蛋的风貌，建议到内部参观（自由参观，导游收费）。

位置 从札幌站乘坐地铁东丰线（東豊線），到福住（福住）站后（14分钟，240日元）步行10分钟

导游营业时间 从10点到16点每整点开始，大约需要50分钟

导游费用 高中生以上成人1,000日元，儿童500日元

大苍山展望台 大倉山展望台

设有滑雪赛道的展望台

1972年札幌冬季奥林匹克运动会举行90米级跳台滑雪赛的地方。现在被用作展望台。在札幌近郊的几个展望台中是展望市区景色视野最好的展望台。特别是和大通公园在一条直线上，很容易就能找到。乘坐双人式升降机似乎能体会到跳台滑雪选手们的心情。冬季体育博物馆内陈列着冬奥会的相关资料，还能通过模拟体验来加深人们对于竞技的理解。

地址 札幌市中央区宫之森1274

位置 从地铁圆山站下车，在2号出口前的巴士站乘坐“円14”巴士约10~15分钟后在大仓山竞技场入口（大倉山競技場入口）下车/巴士费用 200日元

升降机营业时间 09:00~17:00（4月中旬营业约十天，跳台大赛期间及正式训练日不营业）

升降机乘坐费用 成人往返票500日元，儿童往返票300日元

冬季体育博物馆营业时间 09:00~17:00（5月~10月），09:30~17:00（11月~4月）

冬季体育博物馆票价 成人600日元，初中生以下免费

藻岩山 藻岩山

俯瞰札幌市区夜景的好地方

藻岩山自古以来被北海道原住民称为“インカルシペ”，意为登上山顶俯瞰四周的地方。现在登上藻岩山也能展望到美丽的景色。特别可以观赏到与小樽运河、函馆港口并称为北海道三大夜景的札幌市区夜景。乘坐定员66人的缆车可以到达位于海拔531米的展望台和餐厅，可以一边观赏藻岩山的原始森林一边上到山顶。

位置 从薄野乘坐电车，缆车站前（ロープウエイ入口）步行10分钟

营业时间 （4.9.~5.31）（10.1~11.19.）10:30~21:30、（6.1.~9.30.）10:30~22:00、（12.10.~3.31.）11:00~20:00、（12.31.）11:00~15:00、（1.1.）05:00~12:00、（4.1.~4.8.，11.20.~12.9.）不营业

票价 成人单程票600日元，往返票1,100日元/儿童单程票300日元，往返票550日元

余市蒸馏所 余市蒸溜所

畅饮尼卡威士忌，欣赏美丽的风景

受到世界瞩目的单一纯麦芽威士忌品牌尼卡（NIKKA）威士忌的蒸馏所，免费向市民开放。在薄野的广告牌上可以看到游客们熟悉的尼卡威士忌的广告。竹鹤政孝从苏格兰学习酿酒技术，于20世纪初创立余氏蒸馏所。蒸馏所经营初期，为了解决资金困难，曾经加工销售过苹果汁饮料。因为这个渊源除了单一纯麦芽威士忌之外，苹果酒也是其代表性产品。除了可以参观设施，还可以拍照，在最里面的尼卡会馆（ニッカ会館）二楼提供免费试饮。不仅可以试饮苹果汁、苹果酒、余氏十年威士忌、日本鹤18年威士忌，还能制作兑水威士忌（加水）和苏打威士忌（加入苏打水）。从札幌经过小樽到余氏蒸馏所，20几分钟的车程。所以上午可以参观余氏蒸馏所，之后再游览小樽。

地址 北海道余市郡余市町黒川町7-6 **位置** 从JR余氏站步行3分钟（从小樽站到余氏站23分钟，360日元 / 从札幌站出发1小时10分钟，1,070日元）**营业时间** 09:00~17:00（12月25日~1月7日停业）**票价** 免费

来北海道旅游的大部分游客都以札幌市区为据点计划行程。札幌市区有多种类型的酒店，从商务酒店到特级酒店。如果想乘坐JR列车去登别、富良野、美瑛等札幌近郊景点旅行，那么住在札幌站周围的酒店比较好。如果计划重点游览札幌市区并享受夜生活，那么选择住在薄野的酒店会更方便。

薄野地区

札幌大仓酒店 ホテルオークラ札幌

札幌大仓酒店在日本是最为著名的酒店之一。札幌大仓酒店位于札幌的市区中心大通公园，方便去往JR站及薄野等地。酒店内有日本传统榻榻米客房，因为是高级酒店，对于背包旅游的学生来说花费太高，但是对于家庭旅行和夫妇旅行是值得推荐的酒店。

位置 从JR札幌站步行约15分钟，从地铁站步行约2分钟 **电话** 011-221-2333 **房费** 单人间 10，500日元，标准间 12，000日元，双人间大床房 20，000日元 **网址** www.sapporohotelokura.co.jp

札幌市东京圆顶饭店 東京ドームホテル札幌

因为住在这里可以俯看到举行冰雪节的大通公园，所以在冰雪节期间及举行大型活动期间这里很难订到房间。虽然稍微偏离JR札幌站、薄野地区，但是距离地铁南北线大通站1号出口步行不过五分钟。

位置 从地铁南北线大通站步行5分钟，从地铁东西线西11丁目站步行3分钟 **电话** 011-261-1111 **房费** 单间9,500日元，双人间（标准间）13,500日元 **网址** www.sapporo-korakuen.co.jp

札幌多美迎酒店 ドーミーイン札幌ANNEX

位于札幌市最繁华的薄野地区的商务酒店。虽然酒店规模和客房不算大，但是客人可以免费使用温泉，能快速缓解疲劳。为了方便客人的行程，在退房

时提供从酒店到JR札幌站免费接送服务。

位置 从地铁大通站或薄野站步行12分钟/ 从JR札幌站步行25分钟 **电话** 011-232-0011 **房费** 单间7,500日元，准大床间11,000日元，双人间 12,000日元 **网址** www.hotespa.net/hotels/sapporo_ax

札幌薄野绿色酒店1
アパホテル札幌すすきの駅西

位于札幌市的娱乐中心薄野地区，前面紧邻地铁站，方便客人出行，是最受游客欢迎的酒店之一，相比其低廉的价格，酒店的规模算是比较大。

位置 从地铁大通站或薄野站步行 8 分钟，从 JR 札幌站步行 20 分钟 **电话** 011-511-4111 **房费** 单间 6,000 日元，准大床房 7,500 日元，双人间（标准间）8,500 日元 **网址** www.susukino-greenhotels.com/gh1/index.html

JR札幌站地区

JR 札幌日航酒店 JRタワーホテル日航札幌

位于JR 塔上层的特级酒店，与JR札幌站相连。因为酒店客房位于JR塔的23层，所以即使在酒店的低层也能充分欣赏到美丽的景色。将地下的温泉引到22层，在这里可以一边欣赏札幌市区景色一边享受温泉浴。

位置 与JR札幌站南侧出口相连 **电话** 011-208-0182 **房费** 单间 18,000日元，双人间大床房 26,000日元，标准间34,000日元 **网址** www.jrhotels.co.jp/tower

京王札幌广场酒店 京王プラザホテル札幌

是日本的特级连锁酒店京王酒店在札幌的分店，从JR札幌站步行3分钟可以到达。相比其他京王广场酒店价格低廉，但是同属于特级酒店。在属于旅游淡季的冬天还提供像商务酒店一样的特价房。

位置 从JR札幌站南侧出口步行3~4分钟 **电话** 011-271-0111 **房费** 单间 10,000日元，双人大床房 14,000日元，标准间15,000日元 **网址** www.keioplaza-sapporo.co.jp

格莱斯酒店 ホテルグレイスリー札幌

距离JR札幌站三分钟脚程的华盛顿酒店经过为期两年的翻新装修，更名为格莱斯酒店，于2006年重新对外营业。酒店因其便利的交通位置、舒适的商务酒店式环境和不同于一般酒店的大型规模而广受背包客欢迎。

位置 JR札幌站南出口，步行3分钟 **电话**011-251-3211 **房费** 单人间 8,200日元，双人间 11,300日元 **网址** www.gracery.com/sapporo

札幌露樱北口站前酒店 ホテルルートイン札幌駅前北口

距离北海道旅行的中心站札幌站有步行1分钟的距离。对于计划到札幌近郊旅游的游客来说住在这里最合适不过了。准大床房的所有单人床都是1.4~1.6米的宽度，比其他酒店的床宽敞。

位置 从JR札幌站北侧出口步行1分钟 **电话** 011-727-2111 **房费** 单人间 6,400日元，准大床房 8,300日元，大床房（标准间）13,000日元 **网址** www.route-inn.co.jp/search/hotel/index.

札幌克罗斯酒店 クロスホテル札幌

札幌克罗斯酒店是贝鲁特酒店的连锁酒店，最吸引人的地方在于作为商务酒店客房价格较低。自2007年7月在札幌开设以来就以豪华的装潢而引人注目。18楼有客人专用浴场。

位置 从JR站南侧出口步行5分钟 **电话** 011-272-0010 **房费** 单人间 8,300日元，准大床房 10,300日元，大床房（标准间）12,000日元 **网址** www.crosshotel.com/sapporo/index.html

带有强烈季节性的札幌酒店

TRAVEL tip

札幌酒店的最大特征就是具有很强的季节性。当夏季旅游旺季过去后到冬季淡季时，酒店的房间费会显著下调。用相当于在东京3~4星级酒店的预算就可以住札幌的特级酒店。只是如果在冬季，2月初举办冰雪节期间，房间费会上调到比旺季还高的价格，并且会很难订到房间，至少要提前两到三个月预订才行。

小樽

电影《情书》的拍摄地

小樽如同札幌郊区一般，距离札幌市区很近。

自19世纪末北海道开拓时期，小樽作为与札幌相连的外港开始得到发展。因此，小樽对于札幌有很强的归属感。但是如果考究两个城市的魅力程度，小樽反而更胜一筹。

颇有名气的电影《情书》就是在小樽拍摄的。小樽有被称为北海道三大夜景之一的小樽运河，聚集了北海道的手工艺品、特产等的境町通商店街，看点颇多。

小樽—札幌

从札幌前往小樽

乘坐JR列车可以方便地往来于札幌和小樽之间。JR列车分为普通列车（普通）、区间快速（区間快速）、快速机场号（快速エアポート号）几种等级。根据列车等级的不同所花费时间各有不同，但是票价都是640日元。

从札幌新千岁机场（新千歳空港）乘坐快速机场号途经札幌到达小樽。与其从小樽站开启小樽游，不如从小樽站的前一站南小樽站开始更方便。从札幌到南小樽站的费用是统一的，乘坐列车从南小樽站到小樽只需要两分钟。

出发地	列车名及区间单程	票价	所需时间	运行间隔	其他
札幌	区间快速（区間快速）	640日元	大约40分钟	30分钟	
	机场号（エアポート号）	640日元	大约30分钟	30分钟	指定席U-Seat附加300日元
新千岁机场	机场号（エアポート号）	1,590日元	大约 70分钟	30分钟	指定席U-Seat附加300日元

小樽市区中心
小樽市综合博物馆运河馆
小樽市総合博物館 運河館
小樽海岸海上游船乘船处
Hanagokoro小樽店
花ごころ 小樽店
色内本通 色内本通
中央通 中央通
船见坂
船見坂
小樽中央市场
小樽中央市場
北小樽酒店
ホテルノルド小樽
小樽格林大酒店
小樽グリーンホテル
小樽多米高级酒店
ドミインPREMIUM小樽
小樽运河前索尼亚酒店
ホテルソニア
小樽运河 小樽運河
小樽啤酒小樽仓库NO.1
小樽ビル小樽ソコロ No.1
函太郎小樽店
函太郎 小樽店
小樽
小樽
都通商店街 セントラルタウン都通
大通 大通
旧手宫线迹 旧手宮線跡
伦敦活动木偶博物馆
ロンドンからくり博物館
小樽运河食堂
小樽運河食堂
好中餐厅
好レストラン
出口小路
出抜き小路
政寿司Zenan店
おたる 政寿司 ぜん庵
长崎屋
長崎屋
小樽邮局
小樽郵便局
北野异人馆街
北のウォール
回转寿司和乐小樽店
回転寿し和楽 小樽店
小樽美术馆
小樽美術館
活力小樽市酒店
ホテルヴィブラントオタル
蒲荣鱼糕
かま栄
日银旧小樽支店金融资料馆
日銀旧小樽支店金融資料官
小樽欧森酒店
オーセントホテル小樽
境町通 境町通
小樽屋台村红砖横丁
おたる屋台村レンガ横丁
商大通 商大通
寿司屋通 寿司屋通
小樽政寿司本店
小樽政寿司本店
威尼斯美术馆
北一ヴェネツィア美術館
市立小学校
市立小学校
境町通 境町通
国道232号 オロロンライン
水天宫
水天宮
北一水晶馆
北一クリスタル館
六花亭
六花亭
北果楼本店
北菓楼本店
Le Tao 芝士蛋糕Lab
Le Tao チーズケーキラボ
Le Tao
Le Tao
小樽音乐盒堂2号馆
小樽オルゴール堂2号館
童话十字路口
メルヘン交差点
JR函馆本线 函館本線
公园通 公園通
市立图书馆
市立図書館
小樽市役所
小樽市役所
公园通 公園通
小樽音乐盒堂本馆
小樽 オルゴール堂本館
花园Green Road 花園グリーンロード
小樽公园
小樽公園
花园市立小学校
花園市立小学校
入船通 入船通
南小樽
南小樽
市立中学
市立中学校
北海道龙谷学园
初中、高中
北海道龍谷学園
中学校、高校
入船通 入船通
小樽市立医院
小樽市立病院
国道232号 オロロンライン

市区交通

小樽徒步旅行

从JR小樽站经过小樽运河到达小樽音乐盒堂本馆所在的童话十字路口步行需要30分钟。逛几个感兴趣的商店，大约需要两到三个小时。期间到餐馆用餐，在咖啡馆稍事休息，这样不必乘车，徒步即可完成旅行。在小樽站前面的巴士站花费750日元购买“小樽市内巴士一日乘车券（おたる市内線バス1日乗車券）”，可以无限制乘坐外观古色古香的小樽散策巴士和市内巴士。在陌生的地方很难找到巴士站牌，巴士运行间隔长，而且上车后可能5~10分钟就得下车，所以两到三人一起旅游的话，乘坐一到两次出租车可能更加便利。从JR小樽站到童话十字路口的出租车费用为1000日元。

乘坐JR列车缩短路途

大部分游客都是从JR小樽站开始旅程的。从小樽站出来首先沿着下坡路前往小樽运河，然后从运河经过北野异人馆街及聚集餐馆、纪念品商店的堺町通，到达小樽音乐盒堂本馆所在的童话十字路口。从小樽回札幌时，如果想去JR小樽站需要沿着来时的路返回，路程比较远。

从童话十字路口步行五分钟就是JR南小樽站。从JR南小樽站也能去札幌站，所以充分利用JR小樽站和JR南小樽站会更加便利。列车在小樽站搭载众多乘客，到达南小樽站停车，会有大量乘客乘车去札幌，因此在JR南小樽站下车开始小樽之旅，旅程结束时在JR小樽站乘车会更加便利。

TIP 札幌小樽一日周游券

使用札幌小樽一日周游券可以在指定的一天之内乘坐火车往返于札幌站和小樽之间，并且还能在这一天不限次数乘坐札幌市内的地铁。在JR札幌站的旅游问询中心只有外国人才能购买。如果住在薄野地区，那么最好提前一天买好。使用一日周游券不仅能往返于札幌与小樽之间，还能半天游小樽，用半天的时间游览通过乘坐地铁或JR列车能到达的地方，非常实用。

价格 1,530日元 **购票地点** JR札幌站的旅游问询中心

小樽散策巴士

途经小樽市区主要旅游景点的循环巴士。如果游览小樽运河和童话十字路口等小樽市区核心景点的话，徒步旅行足够了。但是如果想游览小樽港或者小樽水族馆等景点的话，最好乘坐巴士。小樽散策巴士有三条线路。A蓝线以市区为中心，到达最东端的小樽港。B红线开往天狗山。C绿线到达最西端的小樽水族馆。乘坐三条线路均可到达小樽运河、堺町通、童话十字路口等小樽市区主要景点。

购票地点 小樽站前的巴士站，小樽运河巴士站，运河广场

票价 1次乘车券210日元，1日乘车券750日元（也可以乘坐市内巴士）

小樽站和南小樽站

小樽駅、南小樽駅

小樽之旅的起始点

来小樽旅游的游客们大部分都住在札幌市区，大部分游客乘坐JR列车前往小樽。到小樽站之前的南小樽站的游客不多，然而到南小樽站开始小樽之旅更为便利。从南小樽站到小樽音乐盒堂本馆所在的童话十字路口只需五分钟。从这里沿着堺町通商业街去往运河，从运河可以到小樽站。从南小樽站开启小樽之旅，在小樽站结束旅程，或者相反，那么旅游线路会很连贯，不会重复。

Access 交通

1. 从札幌乘坐JR列车大约需要40分钟（620日元）
2. 小樽站距离南小樽站乘坐JR列车3分钟车程（160日元）
3. 从小樽运河步行约15分钟

小樽站周边
小樽海岸海上游船乘船处
小樽啤酒小樽仓库NO.1
小樽ビール小樽倉庫No.1
函太郎小樽店
函太郎 小樽店
政寿司zenan店
おたる 政寿司ぜん庵
小樽运河食堂
小樽運河食堂
回转寿司和乐小樽店
回転寿し和楽 小樽店
札樽机动车道 札樽自動車道
蒲荣
かま栄
小樽自然工房
小樽自然工房
和风甜品店（和果子、咖啡）
さかい家
小樽玻璃工房
小樽キャンドル工房
和风甜品店（和果子、咖啡）
さかい家
境町通 境町通
小樽寿司处西功
万次郎
万次郎
（海鲜盖饭）
拉面利久亭
出拔小路
北野异人馆街
北のウォール
小樽运河 小樽運河
札樽机动车道 札樽自動車道
好中餐厅
好レストラン
泓迪酒店
小樽出拔小路
活力小樽市酒店
ホテルヴィブラントオタル
小樽邮局
小樽郵便局
小樽北羊亭
小樽北羊亭
（成吉思汗料理）
寿司田（寿司店）
すし田
伦敦活动木偶博物馆
ロンドンからくり博物館
小樽运河前索尼亚酒店
ホテルソニア
小樽运河前索尼亚酒店2
ホテルソニア2
北小樽酒店
ホテルノルド小樽
小樽市综合博物馆运河馆
小樽市総合博物館運河館
中央道 中央道
色内本通 色内本通
旧手宫线铁道遗址 旧手宮線跡
小樽格兰酒店
小樽葡萄酒咖啡馆
日银旧小樽支店金融资料馆
日銀旧小樽支店
金融資料館
旭寿司
丸山寿司
鮨まるやま
小樽政寿司本店
小樽政寿司本店
寿司屋通 寿司屋通り
商大通 商大通
小樽屋台村红砖横丁
おたる屋台村レンガ横丁
大通 大通
Hanagokoro小樽店
花ごころ 小樽
中央道 中央道
小樽欧森酒店
オーセントホテル小樽
都通商店街 都通り商店街
小樽Green hotel酒店
小樽グリーンホテル
大通 大通
小樽中央场
小樽中央市場
长崎屋
長崎屋
（大型超市）
国道232号 オロロンライン
小樽多米高级酒店
ドーミーインPREMIUM小樽
小樽站
小樽駅
函馆本线 函館本線
札幌方向→
国道232号 オロロンライン
船见坂
船見坂
（电影《情书》背景地）

南小樽站周边
中央通 中央通
色内本通 色内本通
大通 大通
小樽运河前索尼亚酒店
ホテルソニア
函太郎小樽店
函太郎 小樽店
商大通 商大通
政寿司zenan店
おたる 政寿司 ぜん庵
小樽运河食堂
小樽運河食堂
活力小樽市酒店
ホテルヴィブラントオタル
出抜小路
出抜き小路
小樽邮局
小樽郵便局
北野异人馆街
北のウォール
小樽美术馆
小樽美術館
回转寿司和乐小樽店
回転寿し和楽小樽店
商大通 商大通
小樽欧森酒店
オーセントホテル小樽
日银旧小樽支店金融资料馆
日銀旧小樽支店
金融資料館
蒲荣
かま栄
境町通 境町通り
小樽屋台村红砖横丁
おたる屋台村レンガ横丁
寿司田（寿司店）
すし田
万次郎（海鲜盖饭）
万次郎
旭寿司（寿司店）
旭寿司
和樽・館
和樽・館
町寿司（寿司店）
町の寿司
宽寿司
寛寿司
和风甜品店（和果子、咖啡）
さかい家
小樽政寿司本店
小樽政寿司本店
寿司屋通 寿司屋通り
巽鮨
巽鮨
北一威尼斯美术馆
北一ヴェネツィア美術
新仓屋本店
新倉屋本店
Le Tao Le Chocolat
Le Tao ルショコラ
JR函馆本线 函館本線
荣六寿司店
境町通 境町通り
小樽鱼亭
六花亭
横丁寿司
すし屋横丁
水天宫
水天宮
鳐鱼料理店
小樽福廊
北一哨子馆三号
北一大厅
北一水晶馆
北一クリスタル館
公园通 公園通
国道232号 オロロンライン
圣德太子飞鸟店
六花亭
六花亭
Le Tao 芝士蛋糕Lab
Le Tao チーズケーキラボ
北果楼本店
北菓楼本店
九年母餐厅
小樽音乐盒堂本馆二号馆
小樽オルゴール堂2号館
Le Tao
Le Tao
童话十字路
メルヘン交差
小樽音乐盒堂本馆手工体验工房
JR函馆本线 函館本線
小樽音乐盒堂本馆
小樽オルゴール堂本館
万花筒博物馆
Berry Berry Strawberry
ベリーベリーストロベリ
花园green road 花園グリーンロード
入船通 入船通
国道232号 オロロンライン
札幌方向
↓
南小樽站
南小樽駅

童话十字路口 メルヘン交差点

保留明治时代文物的交叉路口

位于堺町通商业街（境町通り）的南侧尽头，由五条车道汇集的路口。小樽音乐盒堂本馆前面有一座蒸汽时钟，每隔15分钟会利用蒸汽动力演奏音乐。每到整点的时候会响起相应的汽笛声。在路口还能看到明治时代设置在这里的灯台。

位置 从JR南小樽站步行约5分钟

小樽音乐盒堂本馆 小樽オルゴール堂本館

陈列着15000余件音乐盒的博物馆

小樽音乐盒堂是小樽的历史性建筑，这座具有异国风情的建筑原本是一座仓库。在小樽音乐盒堂本馆陈列并销售大约3000多种、15000余件的音乐盒，以全日本规模最大而著称。音乐盒是不错的旅游纪念品。这里有用孩子们喜欢的卡通人物形象做成的音乐盒，也陈列着世界各国多种多样的音乐盒。音乐盒堂本馆的旁边就是卡通明星音乐盒专卖店“梦之音（夢の音）”店。

地址 小樽市住吉町4-1 **位置** 从JR南小樽站步行约5分钟，位于童话十字路口 **营业时间** 09:00~18:00 **票价** 免费

堺町通商业街 境町通り

林立着众多旅游纪念品商店的商业街

从童话十字路口到小樽运河附近的北野异人馆街，大约有900米的商业街。汇集了玻璃工艺品和手工艺品、北海道特产、甜点专营店等。和小樽运河一样都是小樽旅游的热门景点。悠闲地逛一逛商店，至少要花费30分钟以上，如果想用餐并品尝甜点，需要花费更长的时间。同一名字的商店会有许多门店，堺町通商业街的代表性商店有音乐盒堂、北一哨子馆、金乃竹、LeTao、六花亭、北果楼等。

位置 从JR南小樽站步行约5分钟/ 连接童话十字路口到北野异人馆街的街道

Le TAO本店 Le TAO

小樽代表性生巧克力专营店

Le TAO是将小樽的日语发音反过来念，容易让人联想起法语发音。这家甜点店自1998年创立以来就备受瞩目。金字塔状的红茶巧克力和芝士蛋糕最受欢迎。Le TAO本店的1楼是商店，2楼是咖啡店，3楼有免费展望台，登上免费展望台可以俯瞰童话十字路口和音乐盒堂本馆。本馆外还能看到堺町通商业街上的PATHOS、Plus、Le Chocolat、芝士蛋糕Lab等名称各异的主题门店。因为Le TAO店里销售的巧克力以生巧克力为主，因此如果想作为礼品购买，最好在回国之前选择在机场的店里购买。

地址 小樽市境町7-16 **位置** 从童话十字路口步行10秒钟，音乐盒堂本馆正前面有高塔的建筑 **营业时间** 09:00~18:00

北果楼 北菓楼

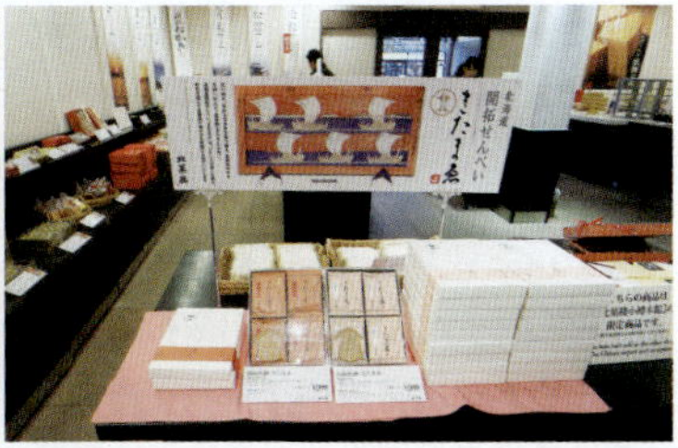

可以免费试吃的甜点专营店

北果楼的哈密瓜果冻（在机场免税店可以买到）是日本航空公司指定的飞机内食品，在全日本都倍受青睐。北果楼是著名的HORI公司的子公司，专门经营具有日本本土特色的甜点和饼干。最吸引人的地方在于提供免费试吃，所以能一次性品尝多种美食。北果楼著名的泡芙不到一上午就能卖光。只有在小樽本店才有限量销售的年轮形状的年轮蛋糕及饮料套餐（515日元）。

地址 小樽市境町7-22 **位置** 从童话十字路口步行1分钟 **营业时间** 09:00~18:30

六花亭 六花亭

花85日元买一个泡芙就能无限享用咖啡

六花亭本店在北海道带广（帯広）地区，是规模巨大的饼干、甜点专营店，集团一年的销售额就有200亿日元。公司的名字六花亭象征着六角形的花，即雪花的样子。朗姆酒香奶油葡萄干夹心饼干（マルセイバターサンド）是六花亭的代表美食，筋道的口感完美搭配香甜的奶油味道。在六花亭即使买一个85日元的泡芙也可以无限饮用店里提供的咖啡。在六花亭可以花最少的钱尽情享用甜点和咖啡。

地址 小樽市境町7-22 **位置** 从童话十字路口步行1分钟 **时间** 09:00~18:00

北一哨子馆三号馆 北一3号館 北一ホール

点亮167盏玻璃油灯的咖啡馆

北一哨子馆三号馆是建成于1890年的仓库建筑，至今仍保存着当时为了搬运通过运河运送的货物而设置的火车轨道。1983年进行内部改造，成为玻璃工艺品商店和咖啡馆。咖啡馆内亮着167盏玻璃油灯，是小樽最浪漫的地方。在每周的一、三、五的下午两点开始钢琴现场演奏。咖啡馆最受欢迎的美食是两个人吃也足够的直径15厘米的超大泡芙。一杯饮料搭配一个泡芙价格为1120日元，两杯饮料搭配一个泡芙价格为1420日元。

地址 小樽市境町7-26 **位置** 从童话十字路口步行1分钟 **营业时间** 08:45~18:00

蒲荣鱼糕工厂直营店 かま栄

有110年历史的鱼糕工厂直营店

蒲荣鱼糕创立于1904年，有110年制作鱼糕的悠久历史。这家店是蒲荣鱼糕工厂直营店。可以尝到价格150~200日元的多种口味的鱼糕。在札幌的主要百货商店、地下街和机场也设有卖场。由于冷藏保存三到五天就过期了，因此如果想购买带回国，最好在机场购买。工厂直营店前面的小灯台建筑叫作“La Campanella茶馆”，销售热狗鱼糕和软冰激凌等。

地址 小樽市界町3-7 **位置** 从小樽运河沿着童话十字路口方向大路步行约5分钟，从童话十字路口步行5分钟

回转寿司 回転寿司

物美价廉的小樽寿司

小樽的寿司屋通（寿司街）是日剧《将太的寿司》的背景地。在寿司屋通用餐每人需要花费3000日元以上。在小樽如果想用可以接受的价格品尝美味寿司，推荐您来回转寿司。位于运河旁边仓库建筑的函太郎（函太郎），和从运河去往童话十字路口方向的和乐（和楽）是小樽代表性回转寿司店。人均预算1500~2000日元就可以品尝到用北海道新鲜的海鲜做成的寿司。

函太郎小樽店 函太郎 小樽店

地址 小樽市港町5-4 **位置** 小樽运河旁边的仓库建筑 **时间** 11:00~22:00

回转寿司和乐小樽店 回転寿し和楽 小樽店

地址 小樽市境町3-1 **位置** 从小樽运河沿童话十字路口方向步行5分钟，从童话十字路口步行约5分钟 **营业时间** 11:00~22:00

北野异人馆街 北のウォール

保留着古代建筑的北方华尔街

小樽运河初建成时，小樽与外国交流频繁，开设了许多日本的大银行和贸易公司的分公司，被称为北方华尔街。至今还保留着当时建成的欧式建筑，现在被用作金融博物馆、酒店等。过去曾是北海道拓殖银行小樽支行的活力小樽市酒店因为电影《情书》在此取景而闻名。

位置 从JR小樽站步行约15分钟

出拔小路 出抜き小路

小樽运河旁边的美食街

通过搬迁并重新修整出拔小路的古代建筑，使之成为咖啡馆和餐馆，这里是最能让游客感受日本旅游氛围的地方。汇集了专营成吉思汗烤肉、烤串、拉面等美食的小餐馆。登上瞭望塔，小樽运河尽收眼底。因为出拔小路以前是马车从仓库出去的通道，取自于“出去的小路”的意思，故取名为出拔小路。

位置 从 JR 小樽站步行 15 分钟，从童话十字路口步行 15 分钟，小樽运河旁边 **营业时间** 各个商店营业时间各不相同，大部分营业到 21 点前后

小樽运河 小樽運河

四季如画的小樽运河

小樽运河可谓是小樽的象征之一。自1923年完工后，成为北海道的物流中心，建成了仓库、银行、旅馆等设施。20世纪50年代后，随着港口设施的完善，运河的利用率降低，逐步被废弃。多亏市民组织保存港口运动，把运河的一部分区域改造成散步路，设置煤气灯，修建仓库、餐厅，现在小樽运河成为小樽旅游行程中不可或缺的部分。无论夜晚还是白天，无论夏天还是冬天，都能欣赏到美丽的风景。坐一坐运河周边的人力车或是以运河为背景拍照都是享受小樽运河之旅的不错选择。

位置 沿JR小樽站前面的大路徒步直行15分钟，从童话十字路口步行15分钟

小樽市综合博物馆 小樽市総合博物館 本館

小樽的综合博物馆

该博物馆建于2007年，整合了几个博物馆，主要展示北海道的自然、历史、科学等内容。本馆是以前的小樽交通博物馆（2006年闭馆），因此与铁路相关的展品最多。在户外展示着蒸汽机车及多种火车。其中1909年制成的蒸汽机车Iron Horse号每天免费运行三次（公休日运行四次）。参观运河前面的小樽市综合博物馆运河馆需要另外购买门票，但是如果购买本馆通票会比单独购买更便宜。

本馆地址 小樽市手宫1-3-6
本馆位置 从JR小樽站步行15分钟
本馆票价夏季 成人400日元，中学生200日元 / **冬季** 成人300日元，中学生150日元
本馆开放时间 09:30~17:00（周二及12.29.~1.3.休馆）
本馆Iron Horse号运行时间 11:30，13:30，15:30（14:30休息）

运河地址 小樽市色内2-1-20
运河位置 从JR小樽站步行15分钟
运河馆开放时间 09:30~17:00（12.29.~1.3.休馆）

运河馆票价 成人300日元，中学生150日元
通票（本馆+运河馆） 成人500日元，中学生250日元

Hanagokoro小樽店 花ごころ小樽店

位于古建筑里的日本料理店

这家料理店位于小樽市指定的历史建筑安田银行旧址，有很高的天棚，室内有樱花树。独特的是洗手间由银行的金库改造而成。寿司是主要菜品，菜单上还有简单的乌冬面和天妇罗（天丼とうどん御膳，1,080日元）。午饭时间的寿司套餐价格从1260日元到2100日元不等，晚饭主要供应菜单上的单品菜。

地址 小樽市色内2-11 **位置** 从JR小樽站朝运河方向步行约7分钟 **营业时间** 11:30~15:00，17:00~22:00

旧手宫线铁道遗址 旧手宮線跡

北海道最早的铁路

旧手宫线铺设于1884年，是北海道最早的铁道（日本第三）。在小樽市中心还保留着手宫线的遗址。1985年废弃，但是一直有专人管理，恋人、夫妇旅游时适宜以铁道为背景拍照，但是看点不多。小樽市综合博物馆内展出着在手宫线运行过的火车的一部分。

位置 从JR小樽站朝运河方向步行约7分钟

都通商店街 都通り商店街

小樽站附近的代表性商店街

都通商店街是小樽市民购物的主要场所，是小樽站附近的代表性商店街。虽然不是针对游客的商店街，但是为了引人注目，有些商店摆出了超大型商品，商店街气氛活跃。有百元店、旧书及CD专营店、充满个性的免税服装店、手工皮具店等。

位置 从JR小樽站朝运河方向步行3分钟
营业时间 各个商店营业时间各有不同，大部分营业时间为10:00~19:00

寿司屋通 寿司屋通り

口味独特的寿司专营店

北海道以新鲜海产品著称，在任何地方都能吃到美味的刺身和寿司。在所谓寿司一条街的寿司屋通品尝到的寿司可谓口味独特。大约经过20年的发展，规模由原来的5家寿司店扩大到今天的二十几家店。虽然价格说不上便宜，但是因为新鲜的味道积攒了大量人气。

位置 从JR小樽站步行10分钟，经过都通商店街就可以到

小樽政寿司 小樽政寿司

寿司屋通中的第一寿司店

政寿司有76年的悠久历史，是小樽寿司屋通最具代表性的寿司店。政寿司在东京的银座和新宿都设有门店。最近在小樽运河的旁边新开了一家店，因为主要面向游客，所以价格稍微贵一点。本店和小樽运河店都有1,500~2,000日元的菜品，但是如果想品尝正宗的美味寿司，最好点3,240日元（7个寿司套餐），5,400日元（11个寿司套餐），店内备有英语菜单和图片菜单。

小樽政寿司总店 おたる政寿司本店

地址 小樽市花园1-1-1 **位置**从JR小樽站步行10分钟，寿司屋通 **营业时间** 11:00~22:00 / 周三，元旦假期停业 **费用** 7个寿司套餐3,240日元，11个寿司套餐5,400日元

政寿司Zenan店 おたる政寿司ぜん庵

地址 小樽市花园1-1-1 **位置** 小樽运河旁边 **营业时间** 11:00~22:00（周一15:00~17:00，周二、三、五16:00~17:00 休息）/ 每周周四休息

丸山寿司 鮨まるやま

深受当地人喜爱的小寿司店

于2004年在寿司屋通开业的寿司店，店主有着26年寿司制作经验。店内有三张桌子，能坐下六个人，因为价格公道，深受当地人喜爱。有9个寿司的特上握寿司（特上潮にぎり，2,160日元）和用三文鱼子、海胆、扇贝做成的海鲜盖饭（道産丼，3,024日元）最受欢迎。

地址 北海道小樽市色内1-13-1 **位置** 从JR小樽站步行10分钟，寿司屋通 **营业时间** 10:00~22:00（不定期休息）

小樽旅馆

小樽旅館

与大自然融为一体的天然温泉

小樽近郊的朝里川温泉与北海道其他温泉相比历史不算悠久，名气也不算大。20世纪50年代才开始修建道路，被开发成温泉。在这里能感受到原生态的大自然。初次见朝里川温泉给人一种很安静的感觉，觉得这里就像一个似乎缺点什么的小山村，但是与北海道的其他温泉地不同，这里却有为个人提供有少量客房的专用的旅馆。当你以朝里川为中心看一看周边的丰富多彩的自然环境，你会感觉到来到这个小山村是一件幸运的事情。夏天在朝里川温泉可以打高尔夫球，冬天在这里可以滑雪，所以这里以同时享受娱乐休闲和温泉的乐趣而闻名。

位于距离小樽市区较近的小樽筑港的银鳞庄旅馆不仅在北海道，在全日本也是首屈一指的高级旅馆。

小樽旅亭藏群 小樽旅亭 藏群

拥有独特装潢的旅馆

藏群温泉酒店既是旅馆又是高级料理店，虽然是旅馆但是却像料亭一样美，就是为了强调这一点而起的名字。装点小樽运河的仓库建筑被称为藏群。虽然从外面看起来有点简陋，但是进到里面会发现意想不到的另一面。里面有很多书，休息室回响着优美的音乐，客房的室内设计体现了传统的“和式”风格，同时又富有现代感。让人想象不到这里居然是仓库建筑。房间的装潢美到极致，住在这里，看着洒进来的阳光就会让人感受到心灵的宁静。这里的日本传统清酒以及酒吧的饮料、酒水都是包含在房费里的，所以对于喜爱喝酒的人来说是最佳选择。

地址 北海道小樽市朝里川温泉2丁目685番地
位置 从JR小樽筑港乘坐免费区间巴士约20分钟
电话 0134-51-5151 **房费** 人均费用36,750日元 **网址** www.kuramure.com

宏乐园 宏楽園

配有专用温泉的低价高级旅馆

在客房泡温泉，品尝美食，在美丽的庭院里散步是所有来温泉旅馆的人最希望做的事情。然而想找到能满足以上要求的旅馆并不容易。即使是在温泉酒店众多的北海道也是如此。小樽近郊的宏乐园共有34个客房，其中15个客房配有专用温泉。占地两万坪，也是北海道著名的樱花观赏地。和温泉酒店相比，这里普通客房的价格不算昂贵，与其他温泉旅馆相比配有专用温泉客房的价格也很低，因此宏乐园常常会很早就被预订光，所以最好定好行程，提前预订。

地址 北海道小樽市新光5丁目23-1 **位置** 从JR小樽筑港乘坐出租车大约10分钟（1,500日元左右） **电话** 0134-54-8221 **住宿费** 普通客房人均11,700日元起 /专用温泉客房人均18,000日元起 **网址** www.otaru-kourakuen.com

银鳞庄 銀鱗荘

具有悠久历史的最高级旅馆

创建于1873年，拥有130余年的历史。银鳞庄是北海道历史最悠久也是价格最高的旅馆。银鳞庄的本馆客房不同于普通的旅馆，能让人充分地感受日本的传统。另外还有2004年完工的新馆客房。本馆的特别客房如同宴会厅一般宽敞。银鳞庄位于海边山坡上，在客房享受温泉浴的同时就能欣赏到美丽的海景是其最大的魅力所在。

虽然也有人评价说相比价格来说性价比不高，但是能入住日本最高级的旅馆的自豪感使人趋之若鹜，以至于平时也很难预订到房间。

地址 北海道小樽市桜 1-1 **位置** 从 JR 小樽筑港乘坐出租车大约 5 分钟（1,000 日元左右）**电话** 0134-54-7010 **房费** 本馆客房人均 42,150 日元起 / 新馆客房人均 52,650 日元起 / 新馆特别房人均 105,150 日元起 **网址** www.ginrinsou.com

美丽的小樽运河映衬下的小樽酒店的设计理念是“复古风”。有的酒店直接使用历史悠久的建筑，新开设的酒店的外部装修也充满复古元素。小樽酒店的花费比札幌地区的酒店稍微贵一点，因此背包游客们一般住在价格较低的札幌酒店。但是如果是度蜜月或情侣出游，最适合住在充满浪漫气氛的小樽。

小樽欧森酒店 オーセントホテル小樽

开设于2001年，有195间客房，是一家高级城市度假酒店。为了映衬小樽的历史景观，酒店充满复古元素的外观让人印象深刻。离JR小樽站和小樽运河、寿司屋通有徒步5分钟的距离，因此游览小樽时住在这里最合适不过了。

位置 从JR函馆小樽站步行5分钟 **电话** 0134-27-8100 **房费** 单人间8,000日元，双人间12,000日元，14,000日元 **网址** www.authent.co.jp/top.html

小樽运河前索尼亚酒店 ホテルソニア

因为可以欣赏到运河的夜景，小樽运河前索尼亚酒店称得上是小樽最浪漫的酒店。酒店大厅和客房装饰着充满怀旧色彩的家具和灯具。酒店的入口直接与运河的步行街相连，所以很方便地欣赏小樽美丽的夜景。

位置 从JR小樽站朝运河方向步行约10分钟 **电话** 0134-23-2600 **房费** 单人间8,500日元，双人间（标准间）14,000日元 **网址** www.hotelsonia.co.jp

小樽市北酒店 ホテルノルド小樽

位于小樽运河正前方，外观为石质的欧洲风格酒店。外部用大理石建成，显得厚重，内部使用木材装修，更显高贵气质。与索尼亚酒店并称为小樽最受欢迎的顶级酒店。深受情侣和来此度蜜月的游客的青睐。

位置 从JR小樽站朝运河方向步行大约10分钟 **电话** 0134-24-0500 **房费** 单人间 9,500日元，双人间（标准间）14,400日元 **网址** www.hotelnord.co.jp

活力小樽市酒店 ホテルヴィブラントオタル

位于小樽运河开通时期北海道金融的中心北野异人馆街（北方华尔街），是电影《情书》的拍摄地。兼具现代感与复古气氛。离小樽运河很近，与境町通商业街相邻，是小樽之旅不可缺少的看点。

位置 从 JR 小樽站朝运河方向步行约 10 分钟

电话 0134-31-3939 **房费** 单人间 5,500 日元，双人人间 7,500 日元，豪华双床房 8,500 日元 **网址** www.vibrant-otaru.jp

登别

登别是从札幌出发可以安排一日游行程的温泉中心地

在北海道的温泉当中，登别是游客最熟知的温泉地，这里蕴含着有助于身体健康的温泉成分，因此这里以较高的治愈能力而闻名遐迩。

在很久以前，北海道的土著居民阿依努族就观察到由于温泉成分的作用致使江河颜色变得愈发浓郁，这里曾经被称为“nupurupe”，含义是指这是一个色彩浓郁的江河不断流淌的地方，并且在1858年前后开始形成温泉街，同时被用作俄日战争的时候伤兵的疗养地，自此开始全国闻名。

如果选择在札幌住宿，可以计划到登别的一日游，因此这里是游客来访最多的温泉旅行地。

去往登别

JR 乘坐JR列车

JR 函馆本线的特急列车北斗和温泉北斗以及铃兰号从 JR 札幌站出发经过南千岁运行至登别市，从札幌到登别所需要的时间大约是 1 小时 10 分钟，费用是 3,850 日元。

这里没有从新千岁机场到函馆的直达列车，到南千岁（距离新千岁机场一站的距离）之后要换乘特急列车，所需时间加上换乘时间大约是1小时左右，费用是3850日元，这与从札幌出发的费用是一样的。

❖ 从JR登别站到登别温泉

从登别站运行至登别温泉的市内巴士与到达登别站和从登别站出发的JR列车的时间是相吻合的，所需要的时间大约是20分钟，公交车从后门上车，从前门下车，支付330日元的费用就可以了。

乘坐高速巴士

❖ 高速登别温泉机场号 高速登別温泉エアポート号

从新千岁机场到登别温泉的直达巴士每天只运行一次，虽然如果考虑到国外游客到新千岁机场区间的到达出发时间，那么乘坐这趟巴士会受到限制，但是乘坐这趟巴士速度快，费用低。

所需时间 70分钟 **费用** 1330日元。

新千岁机场	登别温泉	第一滝本馆	第一滝本馆	登别温泉	新千岁机场
11:50	12:55	13:00	09:45	09:50	10:55

❖ 北海道中央高速和道南巴士 中央バス道南バス

两个公司运行着从札幌到登别站的相同区间的巴士，这趟巴士并不是直达到登别温泉，而只是到达登别站，因此在这个地方再乘坐道南巴士到达登别温泉巴士客运站就可以了。虽然有需要换乘的烦琐，但是因为有很多的班次在运行，所以这里的巴士乘坐频率是最高的。

所需时间 100分钟+20分钟 **费用** 1800日元+330日元

札幌站前边巴士客运站	07:30	08:40	09:30	10:30	11:30	13:00	14:00	15:00	16:00	17:00	18:00	19:00	20:00	21:00
登别	09:07	10:17	11:07	12:07	13:07	14:37	15:37	16:37	17:37	18:37	19:37	20:37	21:37	22:37

登别	07:35	08:05	08:33	09:15	10:13	11:15	12:13	13:13	14:13	15:15	16:15	17:13	18:15	19:13
札幌站前边巴士客运站	09:14	09:44	10:12	10:54	11:52	12:54	13:52	14:52	15:52	16:54	17:54	18:52	19:54	20:52

TIP 乘坐日式旅馆的接送巴士

登别的大部分日式旅馆都运行着从札幌市里到日式旅馆、从新千岁机场到日式旅馆区间的免费接送巴士，虽然日式旅馆的住宿费用相比札幌市里的酒店比较贵，但是考虑到日式旅馆提供免费接送巴士和晚餐以及温泉浴，那么计算下来，相比选择在札幌市里住宿当天结束登别之旅，选择日式旅馆更高效。

札幌酒店住宿费用+札幌—登别的往返交通费用+晚饭费用 > 登别日式旅馆住宿费用（包含晚餐和往返交通费用）

如同漫步般从容，适宜轻松游览的地方

每当提到登别的景观看点，大部分人都只会想到地狱谷，来自地狱的鬼怪和与地狱温泉相关的景观看点可以说是随处可见，由此地狱谷便成为了登别的象征，但是如果你抱着很大的期望来到这里，那么你有可能会深感意外，它的小型规模会令你大失所望。与在登别游览其他景观看点不同，尽情享受以沁人心脾的水质而自豪的地狱谷温泉；沿着从地狱谷连接到大汤沼田的道路，悠闲地漫步；在就像被大自然包围住的天然足浴场中做足浴，等等，在这其中感受闲情逸致是不错的。

如果是和孩子一起进行的旅行，那么相比只是泡温泉，还是推荐乘坐缆车环视登别熊牧场或者前往可以体验日本传统文化的登别伊达时代村。

大汤沼
大湯沼
大汤沼川天然足浴
大湯沼川の天然足湯
登別温泉通 登別温泉通
大正地狱
大正地獄
观光道路 観光道路
大汤沼展望台
大湯沼展望台
登别望楼野口登酒店
望楼NOGUCHI登別
石水亭
石水亭
노보리베쓰온센도리 登別温泉通
观光道路 観光道路
地狱谷
地獄谷
地狱谷展望台
地獄谷展望台
第一滝本馆
第一滝本館
登别温泉通 登別温泉通
第一滝本馆酒店
滝本イン
阎魔堂
閻魔堂
滝乃家
滝乃家
信息中心
インフォメーションセンター
Mahoroba酒店
まほろば
登别空中索道
味道大王
味の大王
梦元Sagiri汤温泉
夢元さぎり湯
汤本登别酒店
ホテルゆもと登別
登别熊牧场方向
のぼりべつクマ牧場 →
登别万世阁
登別万世閣
巴士总站
バスターミナル
邮局
郵便局
登别温泉通 登別温泉通
大汤沼
大湯沼
地狱谷
地獄谷
俱多乐湖
倶多楽湖
登别熊牧场
のぼりべつクマ牧場
温泉街 温泉街
登别伊达时代村
登別伊達時代村
JR登别
JR登別

温泉街 温泉街

出售与温泉相关的丰富多样纪念品的地方

如果在巴士客运站沿着略微倾斜的泥泞的道路上去，那么登别的温泉街就会直接映入眼帘，在夏天这里会举办这个地区最大规模的地狱祭庆典活动，在这里汇聚了很多的商业街和餐馆，商业街上还贩卖增添地狱感觉的鬼怪纪念品和由于疗效好而有名的登别温泉浴液等物品。

阎魔堂（阎罗王祠堂）閻魔堂

地狱祭的阎罗王

据说在1993年登别的地狱祭上登场的阎罗王以慈悲的脸庞向善良的人们遥指天堂，以愤怒的脸庞向邪恶的人下达地狱的审判。地狱祭期间阎罗王从祠堂走出，巡礼温泉街，洗尽参加地狱祭的人们一年以来的罪恶。即使不是地狱祭期间，一天也会有五到六次随着音乐来展示慈悲的脸庞和愤怒的脸庞。

位置 从登别巴士客运站徒步行走7分钟

变脸的时间 10:00，13:00，15:00，17:00，20:00（夏天也会在21:00变脸）

味道大王 味の大王

如同身处地狱般的辣味十足的地狱拉面

这是在北海道根室地区凭借咖喱拉面的元祖地位而逐渐声名鹊起的味道大王，这不同于其他地区的店铺，登别分店的地狱拉面是一种招牌面，地狱拉面的味道就像去往地狱谷的地狱般辣味十足。我向喜欢吃辣的人们推荐有红通通的汤的地狱拉面，向不怎么吃辣的人们推荐咖喱拉面，如果吃辣要支付追加费用，这就可以提高一个辣的层次，每个层次追加50日元。

位置 从登别巴士客运站徒步行走5分钟

时间 12:00~14:00，21:00~02:00（周二休息）

地狱谷 地獄谷

硫黄的味道刺激到鼻尖的荒凉的地方

如果经过位于温泉街尽头的温泉酒店第一滝本馆，那么地狱谷就映入眼帘了，浓烈的硫黄味道会刺激到鼻尖，眼前荒凉的地方升起茫茫白雾。由于温泉的热气导致这里的草和树木都没有生长成枝繁叶茂的景象，俨然一副通透明亮的面貌，故称作地狱谷。

虽然这是在其他国家看不到的日本特有的风景，但是由于这并不是什么很有特色的看点，因此在享受温泉前后顺便在这里漫步游览就绰绰有余了，沿散步小路步行大约10~15分钟就能结束游览，后边紧接着就是大汤沼。

位置 登别温泉街的尽头，从巴士客运站徒步行走10分钟

大汤沼 大湯沼

温泉造就的沼泽地

大汤沼的含义就是巨大的温泉所造就的沼泽地，沿着地狱谷的散步小路步行大约十分钟就到大汤沼了，虽然白腾腾的雾气不断地升起的大汤沼表面的温度是40~50摄氏度，但是大汤沼比较深的地方是温度超过130摄氏度的高温沼泽地。周长1000米、水深25米的大规模温泉沼泽地是世界罕见的，因此这里具有较高的学术价值。在散步小路的一边利用来自沼泽地的温泉水设置一个免费足浴场，这样就可以在大自然中享受悠闲舒适的足浴了。

位置 在地狱谷沿着散步小路徒步行走10分钟

登别熊牧场 のぼりべつクマ牧場

将120多只熊一览无余

在登别的温泉街乘坐空中索道才能上去的四方岭的别名是熊山，这里放养着大约120多只熊，在这里可以一览无余地观察熊。包含熊展示本领的表演在内，花费100日元购买熊饲料就可以给熊喂食，熊在圈养池中吃着人们给予的食物舒适安逸地生活着，有时候它们也会为了获得食物而耍宝。在牧场的一边还有关于熊的博物馆和重现北海道土著居民阿依奴族部落的阿依努族民俗村等设施。

位置 在从登别巴士客运站徒步行走大约5分钟距离的空中索道停车场乘坐空中索道7分钟 **时间** 08:00~18:00（4.21.~10.20.，最终入场：17:20），08:30~16:30（10.21.~4.20.，最终入场：15:50） **费用** 中学生以上（包含中学生）2520日元，4岁~小学生1260日元（包含空中索道费用）

登别伊达时代村 登别伊達時代村

重现江户时代的民俗村

登别伊达时代村就是一个重现江户时代（1603~1868年）的文化和风俗等面貌的主题公园。经过考证，这里所修建的木造建筑物都用作商铺和表演场地，在这里工作的员工穿着和服和忍者服装，他们以当时的面貌来迎接客人。虽然漫步在具有江户时代风情的民俗村也是很愉快的，但是在这里不能错过的就是要观看忍者壮观的动作表演“忍者香橙屋敷”和艺伎登场表演的戏剧“日本传统文化剧场（日本伝統文化劇場）”，一天四次上映，忍者香橙屋敷（忍者かすみ屋敷）结束后，紧接着便开始日本传统文化剧场，因此你可以依次全部观看。各自所需时间大约30分钟左右。

位置 从 JR 登别站出发驶向登别温泉的巴士需要乘坐 7 分钟，在登别伊达时代村下车 **时间** 09:00~17:00（4.1.~10.31.），09:00~16:00（11.1.~3.31.）**费用** 成人 2900 日元，儿童 1500 日元

第一滝本馆 第一滝本館

第一滝本馆创立于1858年，是登别的一种代表性日式旅馆，在温泉中可以眺望地狱谷是它最大的魅力所在。紧挨着本馆的建筑又增建了东馆和西馆以及南馆，因此第一滝本馆的规模大到足以在旅馆里边迷路的程度。男女分开的室内温泉配备了丰富多样的温泉设施，从室内温泉走下一层便是温泉水游泳场，因此这对于带孩子来的家庭来说再合适不过了。最近公开了费用统一方案，费用统一方案是指从单人到庭院客房（一般是4~6人）的住宿费用都是一致的，因此这里受到了想要独自泡温泉浴的游客的欢迎。

位置 从登别温泉巴士客运站徒步行走10分钟，在札幌市里和机场运行着接送巴士 **住宿费用** 11000~21000日元；当天结束的温泉之旅：2000日元（温泉+游泳场，09:00~17:00）/2500日元（温泉+游泳场+午餐） **网站** www.takimotokan.co.jp

石水亭 石水亭

石水亭是一种温泉酒店，位于温泉街中比较高的地带上，因此会给人一种如同被大自然环绕起来的感觉。七层和八层的公共室内温泉和公共露天温泉是石水亭最大的骄傲，在这里可以看到被郁郁葱葱的树林覆盖住的美丽景色，还可以享受温泉，而且这里以比较低的价格开放优质的温泉设施，直到晚上很晚才结束当天的温泉之旅，因此通常会很多的游客到访。这里是当天就可以结束的温泉之旅的日式旅馆中满意度最高的地方。

位置 从登别温泉巴士客运站徒步行走15分钟，札幌市里和机场运行着接送巴士 **住宿费用** 10000~15000日元；当日结束的温泉之旅：700日元（11:00~21:00） **网站** www.sekisuitei.com

Mahoroba温泉酒店 ホテルまほろば

登别以拥有丰富多样成分的温泉而闻名，甚至还被称为温泉的百货店，其中在Mahoroba温泉酒店可以享受四温泉，地下二层的露天温泉在日本也是规模首屈一指的露天温泉。从配有专用温泉的高级客房到普通酒店的客房，这里有类型丰富多样的客房。

位置 从登别温泉巴士客运站徒步行走5分钟，在札幌市里和机场运行着接送巴士 **住宿费用** 床铺客房9,500日元起/榻榻米客房10,000日元起/专用温泉客房21,000日元起 **网站** www.h-mahoroba.jp

登别望楼野口登酒店 望楼NOGUCHI登别

登别望楼野口登酒店是融合最新流行起来的散发着日本传统风格的“和”与现代主题的登别最高级别的日式旅馆，表示日本含义的“和”与现代感相互碰撞，造就了与现存的日式旅馆完全不一样感觉的住宿，所有的客房都是以套间的形式呈现，而且各自分别配备着优良的观景。考虑到新婚蜜月旅行和情侣旅行的游客，还配备了男女可以一起接受按摩的专用按摩室和岩石浴场，而且还配备了一系列有格调的附带设施，安静氛围的吧台，免费提供饮料的休息室，还有布满着丰富多样的图书和DVD等资料的书屋等。

位置 从登别温泉巴士客运站徒步行走 15 分钟，在札幌市里和机场运行着接送巴士 **住宿费用**（每间客房的费用 / 两人标准）标准套房 63,300 日元，套房 73,800 日元，豪华总统套房 86400 日元 **网站** www.bourou.com

洞爷

温泉和火山活动的中心地

地处札幌和函馆中间的洞爷湖位于景致在北海道也是首屈一指的支笏洞爷国立公园，在环绕着美丽湖水的温泉街聚集着无可媲美的适宜享受温泉的日式旅馆，这些日式旅馆在洞爷湖举办了2008年八国集团首脑会议，同时也受到了全世界的瞩目。近来这里凭借着频繁活跃的火山活动，有很多值得观看的地方，不仅仅是温泉，还有可以了解到火山活动威力的有珠山和昭和新山等。

洞爷中心（平面图）
洞爷国道 洞爺国道
三惠医院
三恵病院
中岛
中島
洞爷湖
洞爺湖
洞爷国道 洞爺国道
중앙고속도로 道央自動車道
洞爷湖游览船
洞爺湖遊覧船
洞爷湖万世阁
洞爺湖 万世閣
西山火口散策路
西山火口散策路
洞爷湖湖畔亭
洞爺湖 湖畔亭
洞爷湖温泉汽车客运站
洞爺湖温泉ターミナル
有珠国道 有珠国道
温泉街 温泉街
洞爷站
洞爺
有珠山
有珠山
昭和新山
昭和新山
有珠山空中索道
有珠山ロープウェイ
洞爷湖希尔高尔夫俱乐部
トーヤレイクヒルGC
중앙고속도로 道央自動車道
有珠国道 有珠国道

洞爷中心（立体图）
中岛
中島
洞爷湖
洞爺湖
洞爷湖游览船
洞爺湖遊覧船
洞爷湖万世阁
洞爺湖 万世閣
洞爷湖湖畔亭
洞爺湖 湖畔亭
洞爷湖太阳宫酒店
洞爺 サンパレス
旅馆湖畔荘
旅館湖畔荘
洞爷湖温泉汽车客运站
洞爺湖温泉ターミナル
温泉街 温泉街
首脑会议纪念馆
サミット記念館
明治新山
明治新山
火山科学馆
火山科学館
洞爷湖展望台
洞爺湖展望台
有珠山
有珠山
有珠外轮山展望台
有珠外輪山展望台
银沼大火口
銀沼大火口
西山火口沼
西山火口沼
火口原展望台
火口原展望台
有珠外轮山散步路
有珠外輪山 散步路
有珠山空中索道
有珠山ロープウェイ
西山火口散策路
西山火口散策路
西山火口
西山火口
阿依努纪念馆
アイヌ記念館

去往洞爷

乘坐JR列车到达洞爷站

从札幌和函馆到洞爷湖温泉每天有11趟特级列车在运行着，从札幌出发的特级列车北斗号经过登别到达洞爷站，到洞爷站大约需要1小时50分钟，费用是5250日元，特级列车北斗号经过洞爷站运行至函馆，从JR洞爷站到洞爷湖温泉要选择乘坐巴士。

在JR洞爷站乘坐市里公交车到达洞爷湖温泉

从洞爷站运行至洞爷湖温泉的市里公交车与到达洞爷站或者从洞爷出发的JR列车时间相吻合，所需时间大约25分钟，公交车从后门上车乘坐，从前门下车，单程车费320日元，往返车费580日元。

在札幌乘坐公交车到达洞爷湖温泉

在札幌站前边的巴士客运站选择乘坐都南巴士（都南バス），经过北海道的代表性滑雪度假村留寿都度假村（ルスツ），这样就可以到达洞爷湖温泉。从札幌到洞爷湖温泉大约需要2小时35分钟，费用是单程2700日元，购买往返票是4780日元。

札幌站—洞爷温泉							
札幌站前边	08:00	09:20	10:50	12:10	14:10	16:20	17:40
留寿都	09:54	11:14	12:44	14:04	16:04	18:14	19:39
洞爷湖温泉	10:37	11:57	13:27	14:47	16:47	18:52	20:30
洞爷湖温泉—札幌站							
洞爷湖温泉	07:05	08:15	09:30	11:35	13:05	15:40	17:00
留寿都	07:47	08:51	10:11	12:16	13:46	16:21	17:41
札幌站前边	09:54	10:50	12:10	14:15	15:45	18:28	19:40

洞爷湖温泉

洞爺湖温泉

观看着湖水，享受着温泉

1910年有珠山喷发之后，见证了昭和新山形成过程的三松正夫和同事们在洞爷湖地区发现了温泉，之后获得利用温泉许可，开设了一个称作“滝湖馆”的日式旅馆，洞爷湖温泉就这样开始渐渐被人们所熟知。也正是由于“龙湖馆”的名称，洞爷湖成了龙的象征。因为初期这里和札幌有一段距离，所以访问者并不怎么多，不过随着1949年这里被指定为国立公园，这里的游客急速增长，后来围绕着湖水建设的温泉酒店开始崛起。

我们可以一边观看着湖水，一边享受着温泉，4~10月每天晚上都会举办华丽的烟火表演，这是一场魅力十足的活动，因此许多游客来到洞爷湖温泉。

Access 交通

1 从札幌到洞爷湖温泉客运站乘坐道南高速大巴大约需要2小时35分钟（2700日元）。

2 从札幌到JR洞爷站乘坐JR特级列车大约需要1小时50分钟（5560日元）。

3 从JR洞爷站到洞爷湖温泉客运站乘坐公交大约需要25分钟（320日元）。

洞爷湖 洞爺湖

火山爆发形成的圆形火山湖

圆形火山湖是由于有珠山的火山爆发所形成的，它的周长43公里，直径8~11公里。它是一种贫营养湖，透明度非常高，受到阳光照射的湖水呈现一种就像在东南亚度假村看到的美丽的钴蓝色。在洞爷湖有几个小岛，其中最大的中岛至今仍然拥有着原始的自然风光，尤其是现在还有很多的野生梅花鹿在这里生活，4~10月份乘坐游览船就可以漫步在中岛。除此之外游览船还可以被用作午餐游览船和烟火表演游览船。

位置 在洞爷站乘坐公交车大约需要25分钟，在洞爷湖温泉下车 **游船时间** 08:00~16:30，间隔30分钟/（从11月份到3月份09:00~16:00，间隔1小时） **烟火表演游览船时间** 20:30（4月末~10月末） **午餐游览船时间** 11:00/12:00/13:00 **费用** 普通游览船1320日元/烟火表演游览船1500日元/午餐游览船2100日元

西山火口的散步小路 西山火口散策路

可以切实地感受到火山威力的散步小路

西山火口是在2000年有珠山火山最近最频繁的活动中形成的，火山烟气喷涌高达35000米的高度，导致洞爷湖地区整体都被火山灰覆盖，数十幢房子倒塌，道路塌陷和桥墩流失。

不过有珠山的火山活动和爆发的预测是比较准确的，因此尽管是规模相当大的火山爆发也没有造成一人丧生。现在仍然原封不动地保存着当时崩塌的道路和房屋，修筑了可以切实地感受到火山威力的散步小路，沿着散步小路环视这里大约需要一个小时左右的时间。

位置 在洞爷湖温泉巴士客运站乘坐开往洞爷站的巴士大约需要5分钟（一站的距离），徒步30分钟 **时间** 07:00~18:00（10~11月份只到17:00）

有珠山 有珠山

火山活动依然持续不断的活火山

位于洞爷湖南边的有珠山是一座从两万多年以前到现在一直不断地发生着火山活动的活火山，洞爷湖正是由于有珠山的火山爆发而形成的，洞爷湖的温泉也是由于1910年的有珠山喷发而形成的。在洞爷湖并不是只能泡温泉，如果你想要观赏美丽的风景，那么乘坐距离温泉街有些距离的有珠山空中索道登上有珠山展望台吧，这样你可以眺望到美丽的洞爷湖和环绕着洞爷湖的众多山脉，而且还可以看到昭和新山的面貌。

空中索道

位置 在洞爷湖温泉巴士客运站乘坐开往昭和新山的巴士需要15分钟，终点站下车 **时间** 08:30~17:00，每班次间隔15分钟运行，需要6分钟（根据季节的不同有所变动/1~2月份大部分巴士停止运行） **费用** 成人往返1310日元，儿童往返660日元

昭和新山 昭和新山

有珠山的火山活动造就的寄生火山

昭和新山是由于有珠山活跃的火山活动导致地面渐渐隆起形成的一种寄生火山。虽然起初隆起至海拔402米的高度，但是现在昭和新山的海拔是398米，这是由于低温和侵蚀导致火山海拔高度逐渐降低。虽然在处于第二次世界大战的1943年12月到1945年9月的时间段上形成，但是考虑到战争中人心惶惶，因此没有进行正式的发表或者观测。不过生活在洞爷湖的邮局局长三松正夫认真地做了记录，他的观测记录被评价为非常珍贵的资料，为了纪念他的伟绩，在昭和新山的前边建立了小型纪念馆。

位置 在洞爷湖温泉巴士客运站乘坐开往昭和新山的巴士需要15分钟，终点站下车 **纪念馆开放时间** 08:00~17:00（11~3月份09:00~16:00） **纪念馆费用** 成人300日元，儿童250日元

洞爷湖温泉的旅馆

洞爷湖万世阁 洞爺湖万世閣

可以将洞爷湖尽收眼底的拥有70年历史的温泉酒店

作为一座拥有70多年历史的温泉酒店，洞爷湖万世阁是赴北海道旅行路线中绝对不容错过的一站。进入大厅通过整面玻璃就可以看到洞爷湖，而且在大部分的客房里都能看到洞爷湖。由于女士专用露天温泉在八层可以将洞爷湖尽收眼底，而男士露天温泉在一层，因此男性游客就会感到莫名的惆怅遗憾了。札幌站的免费接送巴士每天13:00在札幌站北边的出口出发（15:00到达），返回的班次是在10:00出发（12:30到达札幌）。

位置 从洞爷湖温泉巴士客运站出发徒步行10分钟 **住宿费用** 每人8550日元（晚餐自助餐）~12750日元（晚餐客房提供怀石料理） **免费接送巴士的预约** 0142-73-3500（洞爷湖万世阁）/010-252-3500（札幌营业所） **网站** www.toyamanseikaku.jp

洞爷湖畔亭 洞爺湖畔亭

拥有魅力无限的空中露天温泉的日式旅馆

露天温泉是这家温泉旅馆的骄傲，位于距离湖面32米的高度（9层）。在一层大厅前边的庭院里配备着只有住宿的客人才能享用的足浴场，而且在这里还可以悠然自得地欣赏洞爷湖的烟火表演。有些人不打算住宿，想要选择零夜两顿餐的行程安排即当日就能结束的旅行，也就是不住宿，只是享用温泉和用餐，在这里针对这类人的服务也是很到位的。在札幌站的免费接送巴士13:30从札幌站南边的出口出发（16:00到达），返回的班次在09:45出发（12:00到达札幌），免费接送巴士就是以这样的日程安排来运行的，不过要在乘坐日期的七天以前进行预订，有的时候如果发生没有预订者的情况，那么免费巴士也不会运行。

位置 从洞爷湖温泉巴士客运站徒步行走12分钟 **住宿费用** 每人8980日元（晚餐：自助餐）~16000日元（晚餐：在客房提供怀石料理）/每人5000~6000日元（用餐两次，可以泡温泉，提供客房休息） **网站** www.toya-kohantei.com

噼里啪啦，
北海道的故事

泡温泉的顺序，请这样做吧~~

卸妆后入浴

带妆泡汤会导致温泉中的有益成分无法渗入皮肤内部，虽然这句话的真实性无人考证，但泡汤时还是卸妆为佳。而且如果卸妆入浴，那么对于去除毛孔里边的废物以及软化老化的角质效果会更加显著。

入浴前试浴的意义

进入温泉的入口会有一个小小的水瓢和盛满温度适合的温泉水的桶，在这里浇水就叫作试浴。试浴包含着身体发出“从现在开始沐浴吧”的信号含义，如果没有试浴而直接入浴，那么血管就会急速扩张，导致血压下降，而试浴有助于降低血压，因此从心脏直到有些距离的手和脚依次进行试浴是很好的。

悠闲地开始半身浴的入浴

入浴最理想的类型就是半身浴，由于温泉的水压比你想象中还要强，因此如果将整个身体浸泡在温泉水中，那么肺就会被挤压，从而导致呼吸变得愈发困难，而且也会对心脏造成负担。相反地半身浴不会对身体造成很大的负担。

适当时间的全身浴

在泡完半身浴后再适当进行两次左右的全身浴效果更佳，并且在做全身浴的时候挤压脚掌和手掌的中心，那么荷尔蒙的分泌会变得愈发均衡，从而体会到舒适悠闲的心情。

当结束入浴出来的时候

虽然一般情况下为了使温泉成分自然地渗透吸收到身体里而不进行洗浴就出来，但是如果是皮肤很脆弱的人，那么当温泉成分的刺激导致皮肤发热的时候就要进行洗浴。当结束入浴出来的时候在膝盖和脚上用凉水冲洗，这样你会感到更加轻松。

入浴后补充水分

在泡温泉的时间里为了分泌出体内不必要的废物会流很多汗水，从而有利尿的作用，导致体内的水分会减少，因此应该通过水或者茶补充水分。而且如果当皮肤变得愈发滋润的时候使用化妆水去除角质，那么对皮肤再好不过了。

图片提供：naver powerblog naniya:，http://blog.naver.com/4086088

函馆

北海道引以为傲的美丽夜景港口城市

函馆相当于北海道的门户，将北海道与东京、大阪等日本本岛——本州岛连接在一起，在1854年美日和亲条约的影响下，函馆和下田市港口一起最早开始接受西方的文化，虽然函馆由于临近本州岛和早早开放港口的缘故使其成为北海道的中心城市，但是1871年随着北海道将行政中心迁到札幌，函馆丧失了行政机能，一直以来作为港口城市不断繁荣昌盛。函馆是一个凭借美丽的夜景而成为北海道引以为傲的港口城市，这里有新鲜的海产品，有距离机场和市里最近的温泉旅行地汤野川温泉，等等，由此这里成为众多游客经常来访的地方。

函馆市区中心
函馆船坞前站
函館どつく前
有轨电车函馆市电本线 函館市電本線
函馆渔港
函館漁港
寺町通 寺町通り
大正汤
大正湯
（公共浴场）
弁天町站 弁天末広通り
入舟番屋
入舟番屋
（鱿鱼生鱼片）
大町
大町
函馆湾
函館湾
幸坂通 幸坂通り
真言寺
真言寺
称名寺
称名寺
中国人墓地
中国人墓地
常盘坂 常盤坂
俄罗斯人墓地
ロシア人墓地
高龙寺
高龍寺
中华会
中華会館
Morie咖啡店
カフェテリア・モーリエ
外国人墓地
外国人墓地
佩里纪念碑
ペリー提督来航記念碑
元町公园
元町公園
函馆写真历史馆
函館市写真歴史館
旧函馆区公会堂
旧函館区公会堂
旧英国领事
旧イギリス
天主教元
カトリック元
船魂神社
船魂神社
函馆哈利斯特
函館ハリスト
函馆山登山道路 函館山登山道路
函馆山登山道路 函館山登山道路
函馆山
函館山
山顶展望台
函馆山空中索道 函館山ロープウエ
山顶
山頂
函馆山交流
函館山ふれあいセ

JR函馆本线 JR函館本線
JR函馆
JR函館
函馆酒店站前
函館ホテル駅前
格兰蒂亚酒店
ホテルグランティア
函馆微笑酒店
スマイルホテル函館
函馆绿色酒店
グリーンホテル
汤野川温泉
五陵郭方面
惠比寿屋食堂
恵比寿屋食堂
（해물덮밥）
函馆早市
函館朝市
函馆站前
函館駅前
幸运的小丑（函馆站前店）
ラッキーピエロ(函館駅前店)
函馆湾
函館灣
函馆
東横イン函館
星龙轩
星龍軒
（日本拉面店）
安乐酒店
コンフォートホテル
大沼国道 大沼国道
东云路 東雲広路
函馆大门东横INN酒店
東横イン函館大門
绿岛公园
緑の島公園
函馆国际酒店
函館国際ホテル
函馆水产市场
函馆啤酒屋
はこだてビール
市役所前
市役所前
函馆市役所
函館市役所
函馆新酒店
ホテルニューハコダテ
幸运的小丑（海湾地区店铺）
ラッキーピエロ(ベイエリア店)
函馆海鲜市场
はこだて海鮮市场
面厨房味彩虹
函馆海湾美食俱乐部
函館ベイ美食俱樂部
函馆西波止场
はこだて西波止場
函馆BAY
BAYはこだて
函馆明治馆
はこだて明治
函馆工厂
Hakodate Factory
金森洋物馆
金森洋物館
函馆市电本线 函館市電本線
鱼市场大街
魚市場通
北海道第一步纪念碑
长谷川商店
函馆历史广场
函館ヒストリープラザ
箱馆高田屋嘉兵卫资料馆
金森仓库街
金森倉庫街
旧茶屋亭
北方历史资料馆
北方歴史資料館
写真发祥地纪念碑
写真発祥の地碑
日本基督教团函馆教会
日本基督教团函館教会
十字街
十字街
梦空馆膳宿公寓酒店
ペンション夢空館
幸运的小丑（十字街银座店）
ラッキーピエロ(十字街銀座店)
北海道坂本龙马纪念馆
北海道坂本龍馬記念館
五岛轩本店
五島軒本店
大三坂 大三坂
函馆治山布达佩斯大饭店
チサングランド函館
表参道公寓酒店
ペンション表参道
宝来町
宝来町
料亭富茂登
料亭 冨茂登
函馆山酒店
ホテル函館山
山麓
山麓
护国神社
護国神社
函馆市电谷地头线 函館市電 谷地頭線
函馆公园
函館公園
青柳町
青柳町
函馆市立博物馆
市立函館博物館

去往函馆

经由东京去往函馆

中国国际航空公司2015年7月3日开通北京至函馆首条直飞航班，每周两班，班期为周一和周五，全程3~4个小时。如果选择乘坐全日空（ANA）或者日本航空（JAL），那么经由羽田国际机场就可以到达函馆机场，从羽田到函馆需要1小时20分钟。虽然有需要转机的烦琐，但可以省去不少的机票费用。

函馆IN，札幌OUT

如果选择乘坐全日空（ANA）或者日本航空（JAL），那么就可以开启“函馆IN，札幌OUT”或者相反的旅程，如果考虑到航班时间，那么我推荐函馆IN，札幌OUT的日程更好一些，而且这个日程可以环视日本最值得一看的景点和娱乐以及美食最多的札幌新世界机场。两家航空公司在旺季期间与直达航班相比，也可以以较低的价格购买到机票，虽然全日空的航班时间和日本航空相比并不算好，但是如果追加一点费用，那么国际线区间就可以选择乘坐2014年新引进的最新机种的商务舱。

❖ 从函馆机场到市里

在从机场到函馆之旅的起点JR函馆站乘坐区间巴士就可以了，巴士的运行与飞机出发和到达的时间是相吻合的，而且还可以顺道经过拥有高级日式旅馆的汤野川温泉享受一番。

公交出发/所需时间 公交运行与航班日程相吻合/大约需要20分钟 **公交费用** 单程410日元 **公交搭乘地** 函馆机场3号乘车场，函馆站前边的11号公交乘车场 **乘坐出租车的费用** 大约3000日元

❖ 从新千岁机场到函馆

如果到达新千岁机场后直接去往函馆，那么单程是7910日元，如果连返回札幌的列车费用都考虑在内，那么购买“JR北海道铁路通票”是不错的。在新千岁机场国内线航站地下一层有JR列车站，兑换通票需要十分钟以上，因此制定日程的时候最好留出充裕的时间。这里没有从新千岁机场到函馆的直达列车，需要在南千岁站换乘一次。

所需时间 大约需要3小时~3小时30分钟（换乘时间，根据选择乘坐的列车的不同所需时间不同） **费用** 单程7910日元/北海道通票三日15430日元

新千岁机场→函馆 列车时间表

12:34 从新千岁机场出发	12:37 到达南千岁机场	12:45 从南千岁机场出发	15:46 到达函馆
15:34 从新千岁机场出发	15:37 到达南千岁机场	15:45 从南千岁机场出发	19:21 到达函馆

函馆→新千岁机场 列车时间表

06:22 从函馆出发	09:28 到达南千岁机场	09:43 从南千岁机场出发	09:46 到达新千年岁机场
08:13 从函馆出发	11:19 到达南千岁机场	11:28 从南千岁机场出发	11:31 到达新千年岁机场
10:32 从函馆出发	13:56 到达南千岁机场	14:13 从南千岁机场出发	14:15 到达新千年岁机场

❖ 从札幌市里到函馆

如果想要选择在札幌住宿，并要进行当天结束的函馆之旅，那么即使有些许的疲惫，最好还是早晨早早地出发，而且当日结束的旅行就要考虑到由于列车时间的问题导致看不到函馆夜景的遗憾，不过冬天太阳早早地落山，当日结束的旅行也能够看到函馆的夜景，但是由于19:14列车就会出发，因此想要悠然自得心旷神怡地观看夜景还是比较难的。在从札幌到函馆的函馆本线上有登别和洞爷等观光地，从札幌出发的列车在到达函馆大约一个小时之前窗外会上演一幕山脉与大海交相辉映、浑然一体的壮丽景观。

所需时间 大约需要3小时20分钟~3小时40分钟（根据选择乘坐列车的不同所需时间不同）/一天运行八个班次 **费用** 单程8830日元/往返打折票14810日元/北海道铁路通票三日券15430日元

市内交通

函馆市内的公共交通有公交和有轨电车（函馆市电本线），相比公交选择乘坐有轨电车更加容易，如果乘坐有轨电车，那么仅仅需要一到两次转车就可以看遍整个函馆市里，而且甚至可以游览被称为近郊的五棱郭，享受汤野川温泉。这里还售卖一天内可以无限制乘坐有轨电车的一日乘车券，价格是600日元，包含函馆空中索道在内，在总共25个地方的餐馆和纪念品店铺等地方结账的时候出示一日乘车券还可以得到打折优惠。

时间 06:30~22:30 **费用** 2公里以内210日元，4公里以内230日元（函馆站–末广町1.8公里，函馆站–五棱郭3.1公里），一日乘车券600日元

TIP 函馆时尚号 (箱館ハイカラ號)

在函馆运行着非常特别的有轨电车，1910年开始在东京旁边的千叶县成田市最早运行的有轨电车于1918年迁移到函馆，就这样一直运行至1937年。1992年作为函馆市70周年纪念工作的一环，再次重现当时的面貌，而且直到现在有轨电车还在运行中，名字也沿用以前的汉字，叫作函馆时尚号。不过出于有轨电车维护等原因，从5月开始到10月期间每天只运行4~6班，费用和一般的有轨电车是一样的。

元町

元町

能够感受到异国风情的山坡

山坡地带是函馆的象征，而且在这里还可以感受到异国风情，我们将山坡地带称为元町地区。这里至今依然保留着当年开放港口的时候国外的文化传入时的景致，虽然有很多宗教建筑物，宗教信仰的氛围并不强，因此这里很难感受到宗教色彩，只是会让你有漫步在一般的观光地的感觉。函馆港口的夜景是日本三大夜景之一，在函馆山可以将函馆港口的夜景尽收眼底，而且去往函馆山的缆车也是在元町这个地方出发的。

Access

1 从JR函馆站徒步行走大约30分钟

2 从有轨电车十字街徒步行走10分钟

天主教元町教会 カトリック元町教会

这里有华丽的祭坛，是一个让人印象深刻的地方

位于浓厚的哥特式红色屋顶上的六角钟楼是一个让人印象十分深刻的建筑。虽然这是在1876年由法国的传教士所建成的木造建筑，但是由于1907年的火灾而损毁，在1910年又再次重建成为石造建筑，不过这座建筑再一次由于火灾而损毁。1924年在被火烧毁的建筑外墙上用钢筋混凝土进行修缮，就这样进行了再次重建。这个时候建造了33米高的六角钟楼和风见鸡，是元町教会的象征性建筑。在日本祭坛被评价为是最绚丽夺目的，祭坛是由教皇本笃十五世赠送的，虽然在这里可以进行内部观摩参观，观赏包含祭坛在内的丰富多样的看点，但是当有教会活动的时候将暂停开放。

位置 从有轨电车十字街出发徒步行走10分钟
时间 10:00~16:00（当周六和周日上午有活动的时候不允许观摩参观） **弥撒时间** 周天10:30

函馆哈利斯特正教堂 函館ハリストス正教会

最初的俄罗斯正教会寺院

哈利斯特正教堂是用古色古香的砖建造的，位于引人入胜并给人以亲切温暖感觉的山坡路大三坂的上边。老爷爷坡道（チヤチヤ登り）上的哈利斯特正教堂是1872年日本最初建成的俄罗斯正教会寺院，优美曲线的窗户和朝向天空的尖塔等展现出了拜占庭式的美丽。虽然现在钟楼上只有一个巨大的钟，但是起初建造寺院的时候这里是有五个钟的，响起的钟声犹如演奏乐器一般，当时人们因它的钟声而称之为岗岗寺，而且在寺内购买一个100日元的蜡烛就可以进行虔心的祈祷。

位置 从有轨电车十字街徒步行走10分钟
时间 10:00~17:00（周六至16:00，周日13:00~16:00） **费用** 馆内观摩参观200日元

函馆圣约翰教堂 函館聖ヨハネ教会

英国圣公会系列的教堂

函馆圣约翰教堂外墙上凿刻的十字架的独特设计让人印象十分深刻，它是英国圣公会系列的教堂。1874年由英国的传教士丹宁建立后经历数次火灾而焚毁，1921年进行了重建，虽然它的内部是不开放的，但是如果是圣公会的信徒，那么参加周日的礼拜仪式也是不错的，由于这里可以拍下哈利特斯正教堂和天主教元町教堂照片，因此这里很受欢迎。

位置 从有轨电车十字街徒步行走10分钟 **费用** 自由进行外观观摩 **礼拜仪式时间** 周日10:30

八幡坂 八幡坂

元町最受欢迎的坡路

八幡坂是元町地区数十条坡路中最受欢迎的地方，如果从坡路上居高临下俯瞰，那么函馆港就会尽收眼底，在建成海底隧道之前甚至连曾经在日本本土和北海道之间运行、而今一直停泊在港口的摩周丸也能看到。道路旁边的林荫树和石头砌成的道路营造出了更有异国风情的氛围，因此这里成为了日本电影和电视剧以及CF的热捧拍摄地。

位置 从有轨电车末广町徒步行走5分钟

日本基督教团函馆教会 日本基督教団函館教会

函馆市的地标性建筑物

日本基督教团函馆教会于1831年建成，是日本现存的基督教教会中位列第三的历史悠久的建筑物，同时被指定为函馆市的地标性建筑。它拥有简易大方的外观，由美国的传教士所建造，而且它也曾经出现在人气天团GLAY的单曲唱片《Happiness》中。虽然平常并不能进入到室内，但是周三和周日的礼拜仪式是任何人都可以参加的。

位置 从有轨电车的末广町徒步行走5分钟 **费用** 自由观摩参观（外观） **礼拜仪式时间** 周日10:30，周三10:30，19:00

旧函馆区公会堂 旧函館区公会堂

花费10亿日元建造的公民馆

旧函馆区公会堂位于可以称之为元町中心的元町公园的正前方，轻淡的蓝色色调墙面加上黄色的轮廓装饰让这座建筑格外地惹人注目。如果按照1910年当时的现金金额来估算，那么建造这样一幢公民馆，花费达到令人瞠目结舌的10亿日元，日本天皇来到函馆的时候曾经在这里住宿，它就是这么一座华丽的建筑。现在在二层重现了当时天皇住宿时的房间和华丽的内部装饰，在洋服衣装馆中穿着20世纪初期的连衣裙，并且拍下纪念照片，这对于制造散发异国风情的函馆回忆非常不错，不仅如此在阳台观望到的函馆港景色优美，漫步在周围也是令人心旷神怡。

位置 从有轨电车末广町徒步行走10分钟 **时间** 09:00~19:00（11月~3月份直至17:00，洋服衣装馆：3.3~12.25直至17:00） **费用** 成人300日元/学生150日元/洋服衣装馆1000日元

函馆市英国领事馆旧址 函館市旧イギリス領事館

英国门户开放的历史

函馆市英国领事馆旧址位于元町公园的旁边，从1913年到1934年一直用作英国的领事馆。从1992年开始作为港口开放的纪念馆展示了开港时的状况和历史。在阳台的位置上设有咖啡厅，这里可以品尝到英国风味的红茶和蛋糕等。

位置 从有轨电车末广町徒步行5分钟 **时间** 9:00~19:00（11月~3月直到17:00） **费用** 成人300日元，学生150日元

函馆市写真历史馆 函館市写真歷史館

日本最初的写真铜版展示馆

函馆市写真历史馆的一层与位于JR函馆站的旅游咨询处一样，为过往游客提供与市内观光和大型庆典相关的各类信息。二层一直被用作写真历史馆，在二层展示着贵重的相机和镜头等摄影装备和与佩里船长的舰队一起拍摄的照片，以及布朗拍摄的日本最初的写真铜版，等等。

位置 从有轨电车末广町徒步行走7分钟 **时间** 09:00~19:00（11月~3月直至17:00） **费用** 成人200日元，学生100日元

外国人墓地 外国人墓地

坐落着各种各样宗教墓地的地方

外国人墓地位于距离元町中心地区徒步行走大约20分钟左右的地方，这里满满地矗立着面朝大海的墓地。佩里舰队到达函馆后在这里埋葬了两名水兵，从那个时候开始这里转变成外国人墓地，而且在这里可以看到基督教和天主教以及俄罗斯正教等各种各样的宗教墓地，附近还有中国墓地和高龙寺以及真言寺等寺庙。

位置 在JR函馆站花费10分钟乘坐开往高龙寺前的公交车，在终点站下车后徒步行走5分钟

函馆山 函館山

世界三大夜景地之一

虽然海拔334米的函馆山并不是多么高大伟岸的山脉，但是如果登上山顶的展望台，那么透过函馆和津轻海峡之间可以亲眼看到一望无际的异国风光的美丽。函馆山同香港和那不勒斯一起被称为世界三大夜景地，而且在日本同长崎和神户一起被称为日本三大夜景。一层的咨询台和空中索道乘坐场以及吸烟区，二层的小卖铺和餐厅，三层的饮茶室和室外展望台构成了山顶上的设施。为了配合观赏夜景的时间，函馆站在晚上时间也有6~8班次运行中的公交，大部分人都是选择乘坐函馆空中索道。相比太阳完全下山之后一片漆黑的夜景，太阳落山前后的30分钟时间段里青幽幽的光线萦绕的风景更加优美。这里太阳落山的时间夏天为18:30~19:00，冬天为16:30~17:00。

地址 函馆市函馆山 **位置** 乘坐空中索道大约5分钟/在JR函馆站乘坐巴士大约花费30分钟（成人400日元，儿童200日元），从下午18点到21点有八到九趟巴士运行，11月份到3月份冬季期间巴士停运

函馆山空中索道 函館山ロープウェイ

125人乘坐的缆车

函馆山空中索道是一种能够容纳125人的缆车，从元町地区到函馆山的展望台只需要五分钟就能上去。随着时代的更迭变换，不断改进的函馆山空中索道是1997年投入使用的第四个空中索道，每台空中索道可以乘坐125人，每小时往返乘坐3000人次。虽然函馆站和海湾地区的穿梭巴士和观光公交连接至空中索道的乘车场，但是它们的运行时间是有限的，由于很难寻找公交乘车场，因此选择乘坐出租车或者徒步行走是比较方便的。元町山坡的哈利斯特教堂和圣约翰教堂就位于徒步行走3~5分钟左右的距离，在日语官方网站上可以下载打折优惠券，即使优惠券不打印出来，只是出示智能手机也可以获得打折优惠（成人往返120日元，单程60日元）。当开始攀登的时候右边教会的建筑风景非常不错，可以欣赏一下。

地址 函馆市元町19-7 **乘车场位置** 从元町山坡的函馆圣约翰教会徒步行走大约3分钟/从有轨电车十字街徒步行走10分钟 **时间** 冬季10:00~21:00，夏季10:00~22:00（每间隔10分钟运行，10月中旬有大约两周的整备时间） **上去的最后时间** 21:50（4.25~10.15），20:50（10.16~4.24） **下去的最后时间** 22:00（4.25~10.15），21:00（10.16~4.24） **费用** 中学生以上单程660日元，往返1200日元/3岁~小学生半价 **打折优惠券网站** www.334.co.jp/jpn/coupon（可以出示智能手机打折优惠券画面）

函馆山交流中心 函館山ふれあいセンター

徒步爬山

虽然大部分的游客都是选择乘坐空中索道登上函馆山，但是如果时间充裕，那么选择徒步登山也是不错的，同时还可以感受到一种轻松登山的心情。函馆山交流中心介绍了散步和登山的路线，而且还有关于函馆山动植物的介绍指南。

地址 函馆市青柳町6-12 **位置** 从有轨电车的十字街徒步行15分钟，到达山顶大约需要50分钟 **时间** 08:45~17:00（4~11月的周一，周二，公休日休馆/12~3月的周六，周日，公休日休馆）

摇滚乐队GLAY和函馆

TRAVEL tip

摇滚乐队GLAY从1994年出道开始发行的每一个专辑都成为白金唱片，二十多年以来一直享有居高不下的人气。GLAY的主要成员全部是来自函馆的高中同学，哈利斯特正教会和公会堂旁边的软奶油店铺等成员们经常去的地方被粉丝们供奉为圣地。GLAY成员们也怀着对函馆强烈的爱，经常在这里进行现场演出，在这期间函馆的所有酒店在数月之前就结束了预约，从东京到函馆的机票，甚至去札幌的机票和酒店预约也受到影响，虽然札幌离函馆远到乘坐火车需要三个小时的时间。

海湾地区
BAY AREA

保存着以前港口原始面貌的地方

我们将从JR函馆站开始把港口和大海连接起来的地方称为海湾地区。历史悠久的仓库建筑物之间还保存着以前港口的原始面貌，而且朝向山坡的方向与元町地区连接起来，利用港口周边的红色砖头建造起来的仓库内部进行了翻新，因此这里现在成为销售趣味十足的纪念品和函馆特产的购物中心和餐厅。

由于函馆站通过 JR 列车与日本本土连接起来，因此函馆站可以称之为北海道的大门，在函馆站的周边聚集了很多价格较低的酒店。虽然这里并不是看点十足的地方，但是由于这里有当地人引以为傲的北海道最高级别的函馆鱼市场，因此凌晨时分人们就会蜂拥而至，聚集到这里。

Access 交通

1 从JR函馆站徒步行走大约20分钟。

2 从有轨电车十字街徒步行走10分钟。

JR函馆站 JR函館駅

JR函馆本线的起点

函馆站是JR函馆本线的起点，经过函馆近郊的五陵郭、大沼公园和温泉疗养地登别以及洞爷，连接至札幌，也是连接着日本本土的海底隧道青函隧道北海道地区的起点。2003年经过翻新的函馆站大楼旁边就是函馆旅游咨询处，因此乘坐火车到达函馆的人们首先会在这里得到指导以及各种各样的打折优惠等，这样开启的旅程是比较惬意的。

函馆旅游咨询处 09:00~19:00（11~3月至17:00）

函馆早市 函館朝市

北海道的三大市场

函馆早市是20世纪40年代近郊的农民们为了贩卖蔬菜而聚集在函馆市政府后边逐渐形成的市场，经历了几次位置的更迭变换，直到20世纪50年代末将位置定格在现在的JR函馆站前边。虽然这里也销售蔬菜和水果等物品，但是最吸引游客眼球的是北海道新鲜的螃蟹和鱿鱼，在市场的一边就是垂钓渠（イカ釣堀），在这里可以体验一下垂钓鱿鱼的乐趣。当然如果你成功地钓到鱼，那么也可以当场给你制作生鱼片了。

位置 从 JR 函馆站徒步行走 1 分钟

时间 05:00~15:00（冬天从 06:00 左右开始）

品尝函馆早市有名的海鲜盖饭

TRAVEL tip

在游客经常到访的函馆早市，为了使游客能够舒适地享用利用新鲜的海产品制作的饭菜，这里2005年起集聚了很多的餐馆，起名盖饭类横町市场（どんぶり横町）。“どんぶり”日语的意思就是盖饭类，由此我们可以看出函馆早市有名的食物就是海鲜盖饭，十多个盖饭餐馆大部分从市场开市的五点营业到下午三点（冬天从早上六点到下午两点），而且这里还有拉面餐馆（8:00~14:00）和寿司店（7:00~15:00）。

幸运小丑 Lucky Pierrot, ラッキーピエロ

美味的手工制作汉堡店

幸运小丑在函馆地区拥有14家店铺，是一家在函馆受到热捧的汉堡连锁店。在这里可以品尝到当场制作的热乎乎的汉堡，不会提前将汉堡制作好。这里的汉堡是利用北海道南部地区的新鲜食材制作的，而且汉堡肉也不会使用冷冻肉，这里对于味道有自己强烈固有的执着。由于这里不会使用冷冻肉制作汉堡，因此除了函馆以外的城市都没有开设店铺，只有在函馆才可以品尝到。

位置 函馆市里14家店铺（函馆站前边，海湾地区，十字街，五陵郭公园等） **时间** 大部分店铺从10:00到第二天00:30 **费用** 1000日元左右

函馆工厂 HAKODATE FACTORY

函馆海湾地区的综合购物中心

函馆工厂是指鱼长食品株式会社经营的函馆海湾地区的综合购物中心，虽然也可以称之为金森所运营的赤练瓦的竞争对手，但是它不同于金森仓库，由于函馆工厂并不只是仅仅聚集在一个地区，因此走马观花地一看很难准确地知道哪一个属于函馆工厂。

网站 hakodate-factory.com

函馆啤酒屋 はこだてビール

社长也经常喝的啤酒

在到达JR函馆站的仓库建筑物集聚的真正海湾地区之前，首先映入眼帘的便是红色砖瓦建筑物。在建筑物的内部设有啤酒屋和餐厅，而且还可以看到自己建造的酿酒设施。这里的啤酒中有一种称之为“社长也经常喝的啤酒”，名字趣味盎然，这种啤酒在2002年的国际啤酒大赛中获得了金奖，而且在入口旁边的纪念品商店限量销售。

地址 函馆市大手町5-22 **位置** 从有轨电车的鱼市场大街徒步行走3分钟/从JR函馆站徒步行走15分钟 **时间** 11:00~15:00，17:00~21:30

函馆明治馆 はこだて明治館

被爬山虎覆盖的购物中心

这是利用1911年建成的邮局的红色砖瓦建筑物改造的购物中心，在函馆红色砖瓦建筑中这是唯一一处被爬山虎覆盖蔓延的地方，在这里有快餐店和咖啡馆以及八音盒展示馆等。在明治馆和海鲜市场总店之间的广场上展示着函馆啤酒屋的橡木酒桶，因此这里也被视作见面约会的场所，而且这里也是一处适宜拍照的地方。

地址 函馆市豊川町11-17 **位置** 从有轨电车鱼市场大街徒步行走5分钟/从函馆啤酒屋徒步行走3分钟 **时间** 10:00~18:00

回转寿司Marukatu（水产总店）まるかつ水産

利用函馆新鲜的海产品制作的回转寿司

在函馆早市进行零售的地方，回转寿司店在那里运营，它的新鲜度是当仁不让的，而且这里还销售当季的精选食材和每天早上抓到的只有在函馆才可以看得到的稀有鲜鱼。价格最低的食材是130日元，海胆、刺身和干贝等高级食材是680日元，而且180日元和280日元价位的食材是最多的。甚至在总店斜对面也有其他卖场，这里也因此受到当地人的热捧。

地址 函馆市豊川町12-10 **位置** 从有轨电车鱼市场大街徒步行走5分钟/从函馆啤酒屋徒步行走3分钟 **时间** 11:30~15:00，16:30~21:00

函馆西波止场 はこだて西波止場

从海产品到函馆的纪念品

函馆西波止场是一座两层的木质结构建筑物，拥有和红色砖瓦建筑相似的外观。在一层有贩卖各种各样的商品的海鲜市场分店，从海产品到纪念品应有尽有，二层有餐厅函馆海鲜俱乐部，在这里俯瞰可以将函馆港尽收眼底，还可以搭配着函馆地区的啤酒一起用餐。

位置 从有轨电车十字街站徒步行走大约5分钟，金森仓库历史广场旁边 **海鲜俱乐部营业时间** 11:00~21:00

金森仓库 金森倉庫

函馆最初的营业用仓库

渡边熊四郎在函馆开放港口的时候将销售西方精致物品的洋物馆作为开始，通过经营各种事业积聚了巨大的财富，在1887年建造的函馆最早的营业用仓库便是金森仓库的前身。虽然由于航空运输的发达导致仓库运营的规模逐渐减小，但是随着1988年在仓库的一部分入驻商店和餐厅的“函馆历史广场”的开放这里再次热闹非凡。仓库建筑的昵称就是赤练瓦，意思是“红色的砖瓦建筑”，而且仓库建筑分为“金森洋物馆”“函馆历史广场”和“BAY函馆”以及“金森亭”等部分，至今还有一部分作为仓库运营。

网站 hakodate-kanemori.com

金森洋物馆 金森洋物館

销售异国梦想的商店

金森仓库的第一代经营者憧憬着西方丰富多彩悠闲舒适的生活文化，与此同时创办了金森洋物馆，这里是以销售异国梦想的商店作为主题的，当时这不起眼的商店成为了销售丰富多样商品的购物中心，放在当下它足以容纳两栋巨大的仓库建筑，一年365天包含圣诞节的圣诞购物在内，都在售卖仿古且个性十足的商品。

位置 从有轨电车的十字街站徒步行走大约5分钟 **时间** 09:30~19:00

函馆Bay BAYはこだて

横跨运河的浪漫之地

函馆Bay与其他的金森仓库相比较会给予我们一种些许不一样的感觉，而且在两个仓库之间横跨着运河。在这里会有金森巡逻船出发起航，可以用大约20分钟左右的时间游览函馆港，还有八音盒堂，这里陈设着发出优美旋律的八音盒；在建筑物的另一边有举办结婚仪式的教堂，这是一处浪漫十足的地方。处在两栋仓库建筑之间的大钟如今成为金森的标志。

位置 从有轨电车十字街站徒步行走大约5分钟，金森洋物馆的对面 **时间** 09:30~19:00 **巡逻船的时间** 4月~12月 10:00~18:00 **巡逻船的费用** 成人1000日元/儿童500日元

PETITE MERVEILLE PETITE MERVEILLE

一口放进嘴里的芝士蛋糕

代表函馆的法国风格餐后甜点专卖店的人气商品梅尔芝士（メルチーズ）便是可以一口放进嘴里吃掉的小型芝士蛋糕。在世界性的餐后甜点和饼干食品品质评鉴大会中，梅尔芝士连续五年获得最高级奖项，而且每一块蛋糕都有精致包装，因此将它作为旅行用的礼物很受欢迎。这种蛋糕有原味和南瓜味以及焦糖味三种口味，8 个费用是 1247 日元。

地址 函馆市丰川町11-5 **位置** 函馆Bay内部 **时间** 09:30~20:00

Minato no Mori みなとの森

乐享餐后甜点和华夫饼时光的餐厅

Minato no Mori餐厅坐落于函馆Bay后边，也是函馆啤酒店的姊妹店。虽然在这里不仅可以欣赏到函馆Bay的秀丽风景，还可以享用午餐和晚餐，但是由于从下午两点到五点是品尝华夫饼的时间，因此这个时候享用冰激凌和咖啡以及餐后甜点是比较好的，而且华夫饼还可以在外卖店购买。在夏天将阳台的窗户全部敞开，这样可以感受到凉爽的海风；在冬天向窗外望去可以看到挺拔的圣诞树。

地址 函馆市末广町14-12 **位置** 函馆Bay内部 **时间** 11:30~22:00（周六，周日，公休日：11:00~22:00）

箱馆高田屋嘉兵卫资料馆 箱館 高田屋 嘉兵衛 資料館

关于函馆发展的小型资料馆

在箱馆高田屋嘉兵卫资料馆展示着关于商人高田屋嘉兵卫的资料，而且商人高田屋嘉兵卫被称为函馆发展的恩人。来自关西地区的高田屋在江户时代末期1796年来到函馆开始进行贸易生意，之后得到幕府的信赖，因此开拓航路，营造了函馆的渔业基地，从而成为对函馆经济做出一系列巨大贡献的人物，因此每年的七月下旬都会举办高田屋嘉兵卫节。从有轨电车十字街站到海湾地区相反方向的高田屋大街，北向函馆山，他的铜像就矗立在那里。

地址 函馆市末广町13-22 **位置** 从有轨电车十字街站徒步行走5分钟 **时间** 09:00~18:00/周四和年末年初闭馆 **费用** 成人300日元，儿童100日元

意式煎小牛肉火腿卷 SALTIMBOCCA

可同时品尝鸡尾酒的咖啡馆

小型咖啡馆光彩照人的粉色系外观十分引人注目，不仅如此还有喜欢意大利咖啡的店主和蔼可亲的态度，这都是意式小牛肉火腿卷得到热捧的秘诀。除了咖啡和意大利冰激凌还配备比萨和意式三明治等各种食物，如果选择2500日元的鸡尾酒自助餐，那么在90分钟左右的时间里可以品尝到80多种鸡尾酒，因此晚上来这里是比较不错的。

地址 函馆市末广町13-25 **位置** 从有轨电车十字街站徒步行走5分钟 **时间** 11:00~18:00

星巴克海湾店 STARBUSKS

道南地区唯一的星巴克卖场

作为函馆唯一的星巴克卖场，这家星巴克并不是函馆风格的红色砖瓦建筑，不过它凭借如同西波止场美术馆般的红色木质外观，让我们产生一种好像被函馆海湾地区风格同化的感觉。这家星巴克是两层楼的结构，圣诞节的时候也会有特别的装扮。如果你需要在旅行中经常性地喝一杯星巴克咖啡或者有购买不倒翁的计划，那么选择购买北海道限量版的星巴克卡留作一种纪念也是一个不错的方法。

地址 函馆市末广町24-6 **位置** 从有轨电车十字街站徒步行走5分钟/从末广町站徒步行走3分钟/西波止场旁边 **时间** 08:00~23:00

旧茶屋亭 旧茶屋亭

日本传统和西方风格浑然天成的茶铺

旧茶屋亭曾经是19世纪末函馆商人的商店兼住宅，如今被指定为函馆市的传统建筑。为了纪念1988年将北海道和日本本土连接起来的青函隧道开通，住宅的所有者在一定的时期内经营咖啡馆，由此获得了不错的反响，在1992年这家茶铺演变为一家开放的咖啡馆。虽然它的外观依然保持着日本传统风格，但是室内被装饰成古色古香感觉的西方风格，菜单是以日式茶和花果茶为中心拟定的。

地址 函馆市末广町14-29 **位置** 从有轨电车十字街站徒步行走3分钟 **时间** 11:30~17:00（10~6月），11:00~17:00（7~9月）

长谷川商店 ハセガワストア

向当日结束旅行的游客推荐的便当

这是一家以函馆市为中心经营卖场的连锁便利店，这里的烤串便当（烤串便当，439日元）非常有名，甚至于自从1978年开始销售后，每当提及长谷川我们就会谈论到烤串便当，对于从其他地方来旅游的日本人，在函馆之旅中烤串便当算得上一定要品尝的美食，而且选择在从函馆开往札幌的火车旅程中购买烤串便当来充饥是不错的。

地址 函馆市末广町23-5 **位置** 从有轨电车十字街站徒步行走5分钟/从末广町站徒步行走3分钟 **时间** 07:00~23:00（夏季），07:00~22:00（冬季）

北海道第一步纪念碑 北海道第一步の地碑

告诉我们开拓北海道初始的石碑

日本近代化改革明治维新（1876年）以后日本本土的人们来到了北海道，并于1968年在被称之为北海道大门的函馆建立了如今的北海道第一步纪念碑。这里有以野生熊为永恒主题的雕塑，在开拓北海道的时候这曾经是最大的困难之一，周边是由散步小径构成的。

位置 从末广町站徒步行走2分钟

函馆近郊

函館近郊

乘坐电车前往函馆近郊

函馆的景点主要集中在元町地区和函馆湾港口等中心地带。此外，稍微偏离中心地带的地方也有许多看点。最受欢迎的地方是在日本很罕见的城郭呈五角星形的五陵郭。从五陵郭乘坐电车可以很方便地到达元町和函馆湾，因此从札幌到函馆旅游，可以当天往返。如果想游览被称为北海道新日本三景之一的大沼公园和汤川温泉，最好在函馆住一夜。

Access 交通

1 **汤川温泉** 从JR函馆站乘坐电车30分钟，从函馆机场乘坐循环巴士，车程约10分钟

2 **五陵郭** 从JR函馆站乘坐巴士或电车，车程约25分钟

3 **大沼公园** 从JR函馆站乘坐普通列车，大约花费45分钟（530日元），特急列车，大约花费22分钟（1,130日元）

大沼莱克高尔夫俱乐部
大沼レイクGC
大沼国定公园
大沼国定公園
流山温泉
流山温泉
大沼
大沼
流山温泉
流山温泉
池田园
池田園
大沼国道 大沼国道
莼菜沼
蓴菜沼
北海道高尔夫
俱乐部大沼路线
北海道CC大沼コース
大沼公园
大沼公園
오누마 공원
小沼
小沼
大沼
大沼
JR 函馆本线 JR 函館本線
大沼国道 大沼国道
JR 函馆本线 JR 函館本線
函馆新道 函館新道
大野国道 大野国道
函馆新道 函館新道
函馆公园乡村俱乐部
函館KGカントリークラブ
JR 江差线 JR 江差線
大沼国道 大沼国道
函館湾
函館灣
松前国道 松前国道
JR 函馆本线 JR 函館本線
五陵郭
五陵郭
五稜郭
五陵郭公园前站
五稜郭公園前
汤川温泉
电车
函馆市电
函館市電
JR 函馆
JR 函館
汤川温泉
湯の川温泉
函馆机场
函館空港
函馆公园
函館公園

五陵郭 五稜郭

作为北方的防御要塞而建成的五角星城郭

五陵郭从天上往下望去呈独特的五角星形状，是随着北海道港口的开放而建造的，为了加强防御历时七年之久才于1866年完工。虽然为了守卫北方而建，但是由于明治维新时期内战，最终成为了战场，现在还展示着当时战争时的大炮。一年四季景色都很美丽，五月樱花开放时期和冬天的五陵星之梦（星の夢，夜间灯火照明）期间会有大量游客来到这里。从函馆站到五陵郭最便利的方法就是乘坐巴士。建议返回的时候乘坐电车直接去元町和函馆湾。

地址 函馆市五稜郭町44 **位置** ❶从函馆站前4路巴士站乘坐五陵郭塔、特拉比斯奇奴修道院区间巴士（五稜郭タワートラピスチヌ シャトルバス）到达五陵郭塔大约需要15分钟（单程200日元，5~10月 每天运行，11~4月周六、周日、法定假日运行 / 09:00~14:00每整点发车）❷函馆站前5路巴士站乘坐106-27（106ループ27）循环巴士到"五陵郭公园入口"，大约需要17分钟（200日元），下车后步行约7分钟（每日运行/ 运行间隔20~30分钟，乘坐反方向27-106循环巴士需要在"五陵郭"巴士站下车，步行15分钟❸从函馆站乘坐电车到"五陵郭公园前"大约需要17分钟（230日元），下车后步行15分钟❹从JR函馆站乘坐普通列车，到JR五陵郭站，行程5分钟（210日元），下车后步行30分钟（乘坐公交车需要10分钟，200日元）**开放时间** 05:00~19:00（4~10月）/05:00~18:00（11~3月）

五陵郭塔 五稜郭タワー

俯瞰五陵郭的瞭望塔

为了纪念五陵郭建成100周年，于1964年修建了可以俯瞰五陵郭的瞭望塔。当时瞭望塔的高度只有60米，但是2006年续建，现在高度达到107米。瞭望塔的一层是咖啡馆和餐厅，还销售纪念品。瞭望塔二层陈列着五陵郭历史的说明资料和五陵郭模型。

地址 函馆市五陵郭町43-9 **位置** 五陵郭旁边 **开放时间** 08:00~19:00（10.21.~4.20. 09:00~18:00）**票价** 成人840日元，中学生630日元，小学生420日元

道立函馆美术馆 道立函館美術館

日本及亚洲艺术家们举行特别展的地方

函馆美术馆位于五陵郭塔旁边，其现代的建筑风格引人注目。经常展出的作品以北海道道南的画家们的作品为主，此外，还举行日本及亚洲地区画家的个人作品展览。虽然展出的作品并不是人尽皆知，但是如果有闲暇，也是一个很适合参观的地方。

位置 乘坐电车到五陵郭公园前，步行7分钟 **营业时间** 09:30~16:30 **票价** 成人 170日元，高中生、大学生 100日元，初中生及以下免费

函馆面厨房味彩红 麺厨房 あじさい

函馆的代表性美味餐馆

自开业以来有70多年的历史，是函馆的代表性拉面店，也是代表性的味彩盐拉面店。主打料理是味彩盐拉面（味彩塩拉麺，700日元，半份450日元），口味清淡，而又回味无穷。还有限量供应的昔风拉面（昔風拉麺，820日元）是将原来的味道做了改良。此外，还有二十余种不同口味的一流拉面，在函馆湾和新千岁机场设有门店。

函馆面厨房味彩红本店

地址 函馆市五陵郭町29-22 **位置** 从五陵郭塔穿过马路即是 **营业时间** 11:00~20:25 /每月第四个星期三休息

函馆面厨房味彩红红店（函馆湾）

地址 函馆市丰川町12-7 **位置** 函馆湾明治馆正前方 **营业时间** 11:00~22:00 / 每月第三个星期四休息

大沼国定公园 大沼国定公園

被誉为新日本三景之一的湖水公园

由驹岳山（駒ヶ岳）火山喷发而形成大沼、小沼、莼菜沼等湖群构成，以面积最大的大沼取名为大沼公园。从只有一个出口的大沼公园站出去的正面便与大沼相连，列车线路后边就是小沼，上边就是莼菜沼。从大沼公园站向前走3~5分钟就是公园广场，以广场为中心有15分钟、20分钟、50分钟三条散步路。走过连接湖上的小岛的桥，就能欣赏到湖对面的驹岳山的风景。

位置 从JR函馆站乘坐普通列车大约45分钟（530日元），乘坐特急列车大约22分钟（1,130日元） **票价** 免费

千风纪念碑 千の風モニュメント

大沼公园是曾经占据日本公信榜第一名、深受日本国民喜爱的名曲“化作千风（千の風になって）”的诞生地。为了纪念这首歌曲，在公园建了一个纪念碑。按照标识牌就能找到纪念碑。

大沼湖游船 大沼湖クルージング

从4月到12月上旬，大沼公园有游船运行。穿过许多小岛，可以感受大沼湖的美丽风景。可以乘坐摩托艇，还可以乘坐亲自划的划艇。从5月到10月游船每天都运行，但是4月、11月、12月则根据天气情况有时候不运行。

所需时间及票价 乘坐游船 30 分钟（1,100 日元），乘坐摩托艇 10 分钟（1,300 日元），乘坐划艇 60 分钟（2 人座 1,000 日元，4 人座 2,000 日元）

自行车租赁 レンタサイクル

围绕大沼湖有14公里的散步路，骑自行车可以绕湖游览。放慢速度，如同散步一样骑着，需要花费1小时30分钟，如果快一点骑只要1小时就可以绕湖一周。在租赁的自行车中有一种座位叠加、可以乘坐多人的自行车，据说中国游客曾经挑战过52人座的自行车。

租赁费 1小时 500日元，1天 1,000日元

沼之家 沼の家

拥有100年传统的大沼汤圆

在大沼公园成为国立公园的五十多年前，即1905年，沼之家就创立了。在百余年的历史中，沼之家的味道始终如一，可谓是大沼公园的象征。一口可以吃掉一个的大沼汤圆（370日元）有芝麻（胡麻）、酱油（しょうゆ）、豆沙（あん）三种口味，价格低，也可以几个人要一盒分着吃。在沼之家附近还有销售大沼公园的另一著名美味墨鱼冰激凌（イカスミソフトクリーム）的地方。

地址 北海道龟田郡七饭町大沼町145 **位置** 从JR大沼公园站步行3分钟 **营业时间** 08:00~18:00

流山温泉 流山温泉

大沼公园内的温泉和休闲设施

这里因为世界性的著名雕刻家流政之创作的建筑而闻名。不仅有温泉设施，还有餐厅、露营区、草地球场、展示流政之作品的雕像公园等综合配套设施和休闲设施。游览完大沼公园之后乘坐列车可以去流山温泉，由于列车间隔时间较长，因此最好骑自行车前往。从大沼公园站骑自行车大约30分钟就可以到达。

地址 北海道龟田郡七饭町字东大沼294-1 **位置** 从JR大沼站乘坐普通列车到流山温泉站，需要8分钟，骑自行车需要30分钟左右 **营业时间** 11:00~20:00 /（4~11月）每周周三休息，（12~3月）每周周二、周三休息 **票价** 成人520日元，儿童260日元 / 毛巾 200日元

汤川温泉 湯の川温泉

距离海边很近的温泉景点

汤川温泉距离函馆机场不过十分钟车程。汤川温泉位于距离海边很近的温泉小镇，这里没有小型的温泉旅馆，只有许多大型的温泉酒店。汤川温泉电车站前还设立了免费浴场。

位置 从JR函馆站乘坐电车，车程30分钟 /从函馆机场乘坐循环巴士，车程10分钟

函馆汤川格兰温泉酒店 湯の川グランドホテル

可以俯瞰津轻海峡的酒店

这是汤川温泉的温泉酒店和旅馆中规模最大的酒店。因为位于海岸边，因此在位于楼顶的露天温泉里就能俯瞰围绕函馆的津轻海峡。露天温泉为了阴阳循环，每天男池和女池轮换一次。除了室内大浴池还有足浴池，在海边以北有露天温泉浴池。客房有传统的榻榻米客房和添加最近流行的现代元素的日本风格双人间。

房费 普通榻榻米客房10,000日元起 / 日本风格双人间12,500日元起 **室内大浴池** 男池女池各1个/ 15:00~24:00，05:00~10:00 **露天温泉** 男池女池各1个/15:00~24:00，05:00~10:00 / 每日男女池轮换一次

若松旅馆 若松

有80年历史的旅馆

若松旅馆有80年的历史，本馆和新馆共有29间客房，是一家规模比较小的旅馆。虽然规模比较小，但是新馆的最上面是复室构造的客房，1人房费是5万日元。日本的天皇曾经住过的本馆，特别房1人房费为6万日元，不仅在北海道，在日本也属于最高的价格了。在客房能看到大海，客房还提供怀石料理。

房费 本馆榻榻米客房 22,600日元起 / 新馆榻榻米客房26,800日元起 / 复室专用温泉客房50,950日元 / 特别房68,800日元起 **室内大浴池（半露天温泉）**男女池各1个

平成馆旅馆 平成館

有露天温泉的客房

汤川温泉的平成馆旅馆分为海羊亭、潮骚亭及花月别馆。位于12楼，设有露天温泉的海羊亭虽然距离大海有一段距离，但是房费相对便宜，很受欢迎。位于海边的潮骚亭（しおさい亭）设有带露天温泉的客房、海景房等多种客房。花月别馆则是所有客房均有露天温泉的高级旅馆。

房费 海羊亭，潮骚亭 普通客房14,000日元起 / 潮骚亭专用温泉客房17,000日元起 /花月别馆专用温泉客房 22,000日元起

汤元啄木亭 湯元啄木亭

有传统庭院的现代式温泉酒店

这虽然是一座11层楼高的现代式建筑，但是室内却可以称得上是日本传统的温泉酒店。有传统的榻榻米客房，有的客房还有与函馆山和津轻海峡相望的露天温泉。并且还有传统温泉旅馆的重要组成部分——庭院，这也是汤元啄木亭的闪光点。此外，这里还提供一日温泉服务，所以即使不住宿，也可以享受温泉。还可以单独收费提供一顿饭，因此能以比较低的价格入住。

房费 1夜含1餐7,500日元起/1夜含2餐9,600日元起/1夜含2餐（在客房）10,650日元起 温泉一日游 13:00~21:00/成人700日元（不包含毛巾费用200日元）

一乃松旅馆 旅館一乃松

纯日本风格旅馆

总共有29间客房的小规模纯日本风格旅馆。所有的客房都能看到京都风格的日式庭院。并且是北海道地区罕见的提供客房早饭和晚饭的旅馆。以美味的海鲜为主料的怀石料理而闻名。

房费 14,000日元起

旭川

北海道第二大城市

旭川位于北海道中心的盆地地带，是继札幌之后的北海道第二大城市。由于大陆性气候，使得年中温差相当大。夏季平均气温达到26~28摄氏度，在北海道算是很高的了。冬季平均气温在零下8摄氏度左右，1902年曾达到过零下41摄氏度，是日本气象史上的最低温记录。旭川是连接札幌和日本最北端的稚内的铁路宗谷本线（宗谷本線）的起始点，有特急列车。乘坐普通列车可以到达富良野、美瑛。虽然作为旅游城市看点不多，但是以旭川为据点，可以方便地游览富良野、美瑛和旭山动物园。

旭川市区中心
旭山动物园→
旭山動物園
常磐公园
常磐公園
旭川市中央图书馆
旭川市中央図書館
北海道立旭川美术馆
北海道立旭川美術館
四条通 四条通
5・7小路居酒屋一条街
5・7小路ふらりーと
蜂屋拉面
蜂屋ラーメン
一条通 一条通
梅光轩
梅光軒
旭川
旭川
藏围梦
蔵囲夢
设计展览馆
デザインギャラリー
大雪地啤酒馆
大雪地ビール館
椅子收藏展览馆
コレクション館・チェアーズギャラリー
旭川四条站
旭川四条
大雪通 大雪通
JR 宗谷本线 JR 宗谷本線
JR 函馆本线 JR 函館本線
JR 富良野线 JR 富良野線
富良野国道 富良野国道
←北海道传统美术工艺村
北海道伝統美術工芸村
旭川机场

去往旭川

从旭川机场前往旭川

在旭川机场有配合飞机到达时间运行的巴士。乘坐巴士前往JR旭川站。从旭川机场到JR旭川站车程35分钟（570日元）。

从札幌前往旭川

从JR札幌站到JR旭川站的第一班列车是06:52（08:12到达旭川），末班列车是23:05（00:25到达旭川），共运行36班特急列车。从旭川到札幌方向的第一班列车的时间是05:20，末班列车的时间是22:00，票价4,680日元。

从富良野、美瑛去旭川

从JR富良野站到JR旭川站车程1小时10分钟（1040日元）左右。间隔1~2小时有一班车。从美瑛站前往旭川车程30分钟（550日元），每隔1小时有一班车。

市区交通

游览旭川市区时几乎不需要乘坐大众交通工具，必须乘坐市内巴士前往的景点是北海道传统美术工艺村和旭山动物园。前往这两个地方的方法请各自参考下面介绍。

旭川市区

旭川

步行街两侧的商业街

旭川虽然是北海道第二大城市，但是除了2月份举行展示雪雕与冰雕的旭川冬祭（あさひかわ冬まつり）之外，旭川市区几乎没有什么值得游览的地方。为了前往富良野、美瑛及旭山动物园，留出两到三个小时的时间游览旭川市区就足够了。旭川的市政布局和札幌类似，旭川站前面有日本最早的步行街，沿着步行街兴建了商业街。如果在旭川住宿或是时间有闲暇的话，乘坐巴士游览北海道传统美术工艺村也是不错的选择。

Access 交通

1 从札幌乘坐JR特急列车需要1小时20分钟（4,880日元）

2 从富良野乘坐JR一般列车需要1小时10分钟（1,040日元）

常磐公园 常磐公園

被评选为日本百佳都市公园之一

是旭川最早建成的公园，被评选为日本百佳都市公园之一的美丽公园。公园的中心有可以乘坐小船游览的“白鸟池（白鳥池）”和“千鸟池（千鳥池）”。夏季还可以看到北海道的人们来观赏薰衣草，冬季举行旭川冬祭（旭川冬まつり），还是举行闪亮仲夏夜的烟火大会（花火大会）和花之盛典（花フエスタ）的地方。如果想全面地游览广阔的公园，最好骑公园办公室免费借用的自行车游览。

位置 从JR旭川站步行约15分钟

北海道立旭川美术馆 北海道立旭川美術館

展示旭川艺术家的作品的美术馆

位于常磐公园内，主要展出难波田龙起（難波田龍起）、舟越桂（舟越桂）等旭川艺术家的作品。还有凭借精湛的木工艺被指定为人间国宝的黑田辰秋（黒田辰秋）的作品也值得一看。除了常设展览，还举行日本及海外美术特别展。

开放时间 09:30~17:00 **票价** 成人 150日元

5・7小路居酒屋一条街 5・7小路ふらりーと

因拉面而闻名的美食街

旭川市区著名的拉面街。“5・7”是地址名“5条7丁目”的缩写。一般只叫“居酒屋”。这里汇集了十余家拉面店。虽然同为北海道拉面，但是这里的拉面具有旭川特色。美食街入口的木质招牌及略显陈旧的风格给人一种置身于20世纪六七十年代的感觉。

位置 从JR旭川站步行10分钟 **营业时间** 10:00~19:00（各个店营业时间各有不同）

蜂屋拉面店 蜂屋ラーメン

最具特色的拉面店

创立于1947年，是拥有悠久历史的拉面店，也是旭川最具特色的拉面店。将用干竹荚鱼做成的底汤和用猪骨做成的汤完美融合到一起，再加入酱油调味是这家店美味的秘诀。

位置 5・7小路居酒屋一条街内 **营业时间** 10:30~19:50（7~9月 10:30~20:50，每周周三休息） **价格** 500~1000日元

梅光轩 梅光軒

旭川代表性拉面店

与蜂屋拉面相同，也使用鱼和猪骨做成的汤料，具有旭川拉面特色，曾经在第一届旭川拉面大奖赛中得过最优秀奖。在东京和福冈开有分店，2007年在新加坡开设了分店。

位置 从JR旭川站出来沿着步行街步行约5分钟（BODY SHOP对面） **营业时间** 11:00~15:30，17:00~21:00 / 周日及法定假日仅17:00~21:00营业 **价格** 500~1,000日元

藏围梦 蔵囲夢

被指定为文化遗产的商业文化设施

被指定为文化遗产的藏围梦是建于20世纪初的仓库群。藏围梦聚集了大雪地啤酒馆、椅子收藏展览馆等四个商业文化设施。因为距离旭川站很近，所以经由旭川前往富良野时可以参观一下这里。

位置 从JR旭川站前广场验车右边的大路步行5分钟

设计展览馆 デザインギャラリー

交流生活、文化及创作的空间

这里是旭川的艺术家及普通市民发布作品的地方，也是在生活、文化及创作等方面进行交流的地方。展厅的一侧有销售精致室内设计模型的展厅。

开放时间 10:00~18:00（11~4月 11:00~17:00，每周周一休息） **票价** 免费

大雪地啤酒馆 大雪地ビール館

品尝用雪酿造的啤酒

这是一座啤酒工厂与餐厅，在这里可以品尝到旭川近郊终年积雪的大雪山的雪水酿成的大雪山啤酒（地ビール）和用旭川产的优质食材做成的美食。大雪地啤酒馆使用的是仓库建筑，大雪地啤酒馆的啤酒曾经获得过日本优秀啤酒大奖，是地区限量商品。中午供应猪排饭、套餐等。

营业时间 11:30~22:00（12.31.，1.1 休息）

价格 大雪山啤酒 500日元起，午饭套餐 780日元起

椅子收藏展览馆 コレクション館・チェアーズギャラリー

汇集了世界各国的椅子的展厅

织田宪嗣（織田憲嗣）教授是世界上收藏椅子最多的收藏者，他将个人收藏的1000余把椅子每年分两次展出，每次展出500把。从椅子中可以看出世界各国的区域特点和时代特点。制成的微型椅子模型展览也值得一看。

开放时间 10:00~18:00（11~4月 11:00~17:00，每周周三休息） **票价** 免费

北海道传统美术工艺村 北海道伝統美術工芸村

在古城堡中欣赏北海道传统美术工艺

北海道传统美术工艺村位于稍微偏离旭川市区的山坡上，由展示北海道代表性染织品优佳良的优佳良织工艺馆（優佳良織工芸館）、从世界80多个国家收藏来的染织品的国际染织美术馆（国際染織美術館）及雪之美术馆（雪の美術館）三个展馆组成。雪之美术馆欧式的建筑风格让人联想起欧洲的古城堡，里面展览着各种冰雪的结晶形态，是最具观赏性的展馆。

位置

❶ 从JR旭川站出来穿过大路，在一个街区前面的1条通7丁目公交站乘坐巴士，需要花费15分钟，在高砂台站下车后步行约15分钟。

❷ 在旭川华盛顿酒店乘坐预约的专用巴士（免费），10:00，12:00，14:00 发车 / 预约电话 0166-62-8811

票价

雪之美术馆 成人 650日元，儿童 350日元

优佳良织工艺馆 成人 450日元，儿童 200日元

国际染织美术馆 成人 550日元，儿童 250日元

三馆通票 成人 1,200日元，儿童 550日元

开放时间

09:00~17:30（11~3月 截止到17:00，12~3月国际染织美术馆休馆）

旭山动物园

旭山動物園

日本最具人气的动物园

市场营销方面的图书——《企鹅飞上天：北海道最赚钱动物园教你的5堂创意课》曾引起热议，书里面出现的旭山动物园也被人们所熟知。旭山动物园是日本最北边的动物园，作为旭川的市立动物园于1967年开园。随着旭川人口的增加，参观者的数量也增加了，但是由于设施陈旧及珍稀动物死亡等原因，以1983年为转折点，参观者渐渐减少。但是1997年之后，为了拯救动物园而努力采取了措施，开展动物“行为展示”，此后参观者人数剧增，1996年年均参观人数才不过26万人次，到2006年已超过200万人次，成为日本最具人气的动物园。

Access 交通

1 从JR旭川站乘坐41、42、47路巴士，车程大约40分钟

2 **开放时间**

- 09:30~17:15（从4月末到10月中旬）
- 09:30~16:30（从10月中旬到11月初）
- 10:30~15:30（从11月中旬到4月初）
- 8月中旬有一周时间夜间开园（截止到21:00）

3 **休园**

4月初约2周，11月初约1周，年末年初（12.30.~1.1.）

4 **票价**

成人 820日元，初中生以下免费

狼之森 オオカミの森

尽显行为展示的魅力

旭山动物园的行为展示不仅限于海洋动物。通过室内展馆进到狼舍之后，可以将头伸入位于狼舍中心的玻璃观察窗，安全地近距离观察狼，这是狼之森馆最吸引人的地方。为了把动物的真实状态展示给游客，只用一层铁窗将曾经在大自然中共存的狼和鹿隔开。

北极熊馆 ほっきょくぐま館

在最近的距离观察北极熊

北极熊馆分为两部分，其中一个展馆设有水池，可以看到北极熊生气勃勃地跳入水中游泳的样子。另一个部分是户外看台，就像狼之森馆一样，通过北极熊舍中间的玻璃观察窗可以最近距离地观察北极熊。

企鹅馆ペンギン館

飞翔的企鹅

为了方便游客观看，企鹅馆建有一条水中隧道，可以在水下仰视企鹅游泳的样子，看起来就像企鹅以蓝天为背景在飞翔。就是企鹅馆将旭川动物园造就成日本最大的动物园。这一戏剧性的过程被拍摄为电视剧（2006年），2009年被拍摄成电影。与企鹅飞翔般的泳姿相媲美的是冬季雪地上的“企鹅散步”表演。为了解决企鹅冬季运动不足的问题，而让企鹅散步，游客则纷纷聚拢在企鹅周边，观看它们在雪地里摇摇晃晃的行走姿势。这如同飞翔的企鹅一样，也是人们热议的话题。

小熊猫吊桥レッサーパンダの吊り橋

长相酷似貉子的可爱小熊猫

这里是小熊猫所在的地方。小熊猫馆自2007年开放以来就聚敛了大量人气。在这里可以仰视小熊猫在吊桥上移动的样子。

海豹馆 あざらし館

近距离观察海豹

在这个馆中建造了一个圆柱体玻璃观察窗，室外的游泳馆和室内展馆的圆柱体水槽相连，通过这个玻璃窗就能和调皮的海豹近距离地接触。海豹馆和企鹅馆是旭山动物园最受欢迎的地方。在室外每天都有喂食时间（モグモグタイム），游客们可以一边观看并给海豹喂食，一边听有关于海豹的详细介绍。

各色各样的动物

动物的王国

除上述动物之外，还能近距离看到多种动物。

北海道的软冰激凌

日本40%的牛奶产于北海道。用牛奶做成的乳制品是北海道著名的特产。其中北海道产的冰激凌是日本最好的冰激凌。本书作者亲自品尝了北海道的各色冰激凌并给予了评价。

薰衣草软冰激凌

在以美丽的花和山丘著称的四季彩之丘吃到了冰爽的薰衣草冰激凌。当冰激凌入口后，便隐隐品到了薰衣草的香味，感觉到了喝薰衣草茶时那闲适的心情，搭配绵软的牛奶，味道就更加爽口。

冰爽度 ★★★★☆　浓郁度 ★★☆
独特度 ★★★★

美瑛冰激凌

在美瑛的情报馆、道之驿美瑛丘之仓能买到用美瑛牧场的牛奶制成的冰激凌，入口后传来牛奶的浓香味道，口感如同喝低温杀菌处理的牛奶一样。

冰爽度 ★★★☆　浓郁度 ★★★★☆
独特度 ★☆

SEICO MART自产的冰激凌

SEICO MART是北海道独有的本土便利店，这里销售自产的冰激凌。有香草和巧克力口味，因为冷冻过一次之后，不是很柔软，但是因为牛奶含量高，口感也很好。

冰爽度 ★★☆　浓郁度 ★★★　独特度 ☆

雾冰激凌

被称为雾之湖的摩周湖销售雾冰激凌。这种冰激凌是将雾形象化，入口即化，有一种冰沙和软奶油混到一起吃的感觉，同时还能吃出鲜奶油的味道，口味独特。

冰爽度 ★★★★☆ 浓郁度★★★ 独特度★★★★★

墨鱼冰激凌

墨鱼是函馆的特产，在函馆可以品尝到墨鱼冰激凌。感觉好像将黑炭磨碎放入冰激凌筒中一样。虽然很冰爽，但是缺乏牛奶浓郁的香味和柔软。

冰爽度 ★★★☆ 浓郁度 ★☆ 独特度 ★★★★☆

焦糖软冰激凌

在传统且富有浪漫色彩的函馆八幡坂品尝了焦糖软冰激凌。虽然价格稍微贵一点，但是完美呈现了在口中缓缓融化的焦糖的味道。甜甜的味道冲淡了牛奶的味道，但是最能抚慰因为爬坡而疲倦的身体。

冰爽度 ★★★☆ 浓郁度★★★☆
独特度★★★☆

在北海道各地旅游的时候吃到的冰激凌用的都是上好的原料，而且还融入了地域特色，与当地的风景相得益彰，更显出了冰激凌美味。除了上面介绍到的冰激凌之外，还有很多种冰激凌，但是由于价格原因（一般400~500日元），没能一一品尝，有一点遗憾。

富良野·美瑛

富良野和美瑛位于北海道的中心地带，可以称得上是北海道的“肚脐”。美瑛位于富良野的北面，是日本最好的农业带。薰衣草是这里最具代表性的农作物，也是重要的旅游资源。北海道夏季的主要旅游景点便是富良野和美瑛地区的薰衣草田。十胜岳即便在盛夏也会有积雪，从山岭吹来的凉爽的风将富良野和美瑛大片的薰衣草吹出一层一层的紫色波浪。

因为这里的景观季节性很强，在夏季之外的其他季节这里看点不多，并且交通也不太便利，大家来这里旅游时要考虑到这些因素。

富良野&上富良野

美马牛站
美馬牛駅
↑
美瑛、
旭川方向
深山峠展望台
错觉艺术美术馆
云霄飞车路
JR 富良野线 富良野線
上富良野花乐园
フラワーランド上富良野
距离富良野站18公里
上富良野站
上富良野駅
日之出公园
日の出公園
后藤纯男美术馆
後藤純男美術館
富良野国道 富良野国道
Orika高尔夫俱乐部
オリカGC
空知川
空知川
西中站
西中駅
富田农场
ファーム富田
薰衣草田站
ラベンダー畑駅
（夏季旺季临时车站）
距离富良野站10公里
北星山滑雪场
北星スキー場
富良野青年旅社
富良野ユースホステル
中富良野站
中富良野駅
←泷川方向
空知川薰衣草之森高尔夫球场
空知川ラベンダーの森GC
鹿讨站
鹿討駅
富良野国道 富良野国道
狩胜国道 狩勝国道
岛之下站
島ノ下駅
JR 富良野线 富良野線
富良野葡萄
果汁工厂
学田站
学田駅
富良野葡萄酒厂
富良野ワイン工場
JR 根室本线 JR 根室本線
富良野医院
富良野病院
富良野站
富良野駅
富良野王子酒店
富良野プリンスホテル
富良野市役所
富良野市役所
距离富良野站4公里
朝日丘公园
朝日ケ丘公園
新富良野王子酒店
新富良野プリンスホテル
富良野奶酪厂
富良野チーズ工房

前往富良野和美瑛

适合去富良野、美瑛旅游的时节

到北海道旅游本身就有很强的季节性，其中富良野和美瑛是体现得最明显的地方，不同的季节展现的样子完全不同。从6月上旬到9月中旬是富良野、美瑛最适宜的旅游时节。如果想观赏薰衣草，那么6月下旬到7月末、8月初是最佳时节。到4、5月份的时候，部分地区还有残留的雪。因为秋季没有枫叶，所以最好春季和秋季不要去富良野和美瑛旅游。

从札幌前往富良野、美瑛的方法

可以从札幌经过泷川到达旭川后，游览美瑛，然后前往富良野。还有一种方法就是从泷川去富良野，然后再去美瑛、旭川。乘坐特急列车从札幌到旭川票价是4,610日元。从旭川到美瑛票价1070日元。如果购买所有区间的票，需要花费10,000日元，但是如果购买前面提过的“富良野美瑛周游券（ふらの・びえいフリーきっぷ）”就能在一天之内不限次数乘坐列车往返于札幌与富良野、旭川、泷川区间，票价为5,550日元。

❖ 主要区间列车表

区间	列车名	所需时间	票价
札幌—泷川	特急超级神威号（特急スーパーカムイ） 特急鄂霍次克号（特急オホーツク）	55分钟	3,090日元
札幌—旭川	特急超级神威号（特急スーパーカムイ）	85分钟	4,610日元
泷川—富良野	普通列车（普通列車）	65~90分钟 （不同列车时间有差别）	1,070日元
旭川—美瑛	普通列车（普通列車）	35分钟	540日元
旭川—富良野	普通列车（普通列車）	75分钟	1,070日元
美瑛—富良野	普通列车（普通列車）	40分钟	640日元

❖ 富良野美瑛周游券 ふらの□びえいフリ□きっぷ

为了游览富良野和美瑛，有的游客常常会苦恼于是不是应该购买“JR北海道铁路3日通票（15,430日元）”。大部分情况是不需要购买的。如果打算待四天三夜以上，去函馆和富良野，那么购买“JR北海道铁路3日通票”很实用，但是如果去札幌、小樽、登别等距离机场很近的地方，那么使用票价为5550日元的“富良野美瑛周游券”就足够了。“富良野美瑛周游券”的使用区间及注意事项如下：

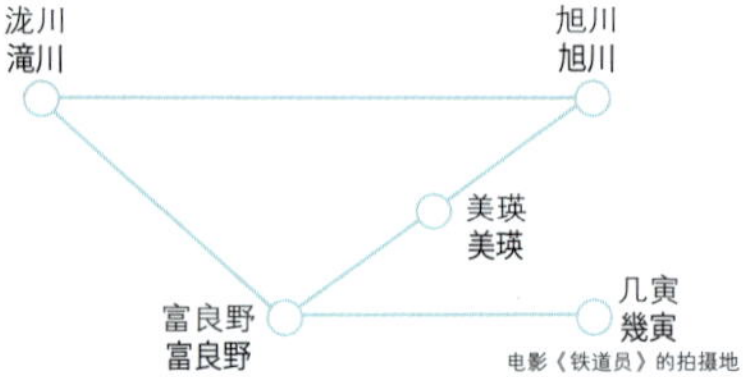

◆ 使用时间是固定的，但是大多数可以延期使用。旅游出发前一定要到JR北海道的主页上确认。
◆ 从札幌到自由区间只能往返1次，可以使用特急列车的自由座席。如果想使用指定席（预订座席），需要附加520日元的费用。
◆ 在JR北海道站的绿色窗口（列车票务中心）、JR旅行中心等处可以买到。（在新千岁机场及JR札幌站很容易买到）

❖ 薰衣草特急列车

从6月初到10月中旬的薰衣草开花时节，会运行从札幌出发到富良野的直达列车“薰衣草特急列车（フラノ ラベンダーエクスプレス）”。特别是从7月初开始到8月中旬每天运行两趟列车，所以可以很方便前往富良野游览。所需时间为两小时左右。

	从札幌出发时间	到达富良野时间		从富良野出发时间	到达札幌时间
一天往返2次时追加车次	07:55	09:55	一天往返1次	16:35	18:29
一天往返1次	09:05	11:03	一天往返2次时追加车次	17:36	19:37

*2014年运行安排（从6月7日到10月13日运行）

***一天往返2次车次**：从7月5日到8月3日 每日运行

***一天往返1次车次**：从6月7日到6月29日 每周周六、周日运行，从6月30日到7月4日 每日运行，从8月4日到8月17日 每日运行，从8月23日到10月12日 每周周六、周日、9月15日、9月23日、10月13日运行

❖ 富良·美瑛观光号

在夏季旅游旺季期间，乘坐富良野·美瑛观光号列车可以更好地游览富良野和美瑛。与从旭川经过美瑛、美马牛到达富良野的普通列车线路相同，7月到8月每日运行，6月、9月及10月初只在周末和法定节假日运行。富良野·美瑛观光号的座位是复古的木质椅子，是没有窗户的开放式列车，坐在车上能感受到北海道夏天凉爽的风，欣赏到美丽的风景。在列车内销售的限量版旅游纪念品也很受欢迎。

关于列车时刻表请具体参照以下主要区间列车换乘时间指南

❖ 主要区间列车换乘时间指南

从7月到8月薰衣草特急列车每日运行，但是如果订不到票，就必须经过旭川、泷川等地中转。即使是中转，时间相差不大，请参考下面主要区间的换乘时间，会对您的旅途有所帮助。

札幌—旭川—美瑛—富良野区间的主要换乘时刻表

列车名	神威1号	神威3号	神威5号	神威7号	神威11号	神威15号		神威17号	
从札幌出发	06:51	08:00	08:25	09:00	10:00	11:00		12:00	
泷川	07:43	18:52	09:17	09:52	10:52	11:52		12:52	
到达旭川	08:16	09:25	09:50	10:25	11:25	12:25		13:25	
列车名	普通	普通	观光号1号	普通	普通	普通	观光号3号	普通	普通
从旭川出发	08:40	09:34	09:55	10:31	11:30	12:28		13:41	14:28
到达美瑛	09:13	10:07	10:24	11:08	12:03	13:00		14:14	15:01
从美瑛出发		10:08	10:34		12:08		13:04	14:18	
上富良野		10:36	11:04		12:25		13:35	14:34	
薰衣草花田		10:44	11:11		12:31		13:42	14:42	
中富良野		10:47	11:22		12:33		13:46	14:43	
富良野		10:56	11:40		12:40		13:54	14:53	

列车名		神威19号	神威25号	鄂霍次克5号	神威27号	神威31号	神威33号	神威37号	神威41号
从札幌出发		13:00	15:00	15:08	16:00	17:00	18:00	19:00	20:00
泷川		13:52	15:52	16:04	16:52	17:52	18:52	19:52	20:52
到达旭川		14:29	16:29	16:41	17:25	18:29	19:25	20:25	21:25
列车名	鄂霍次克5号	普通	普通	普通	普通	普通	普通	普通	普通
从旭川出发		15:25	16:32	17:18	17:46	18:34	19:31	20:38	21:52
到达美瑛		15:59	17:04	17:57	18:19	19:12	20:05	21:11	22:25
从美瑛出发	15:11	16:05	17:05		18:20	19:13		21:15	
上富良野	15:40	16:22	17:22		18:40	19:30		21:32	
薰衣草花田	15:47	16:00	17:30						
中富良野	15:51	16:31	17:31		18:49	19:38		21:39	
富良野	16:00	16:41	17:41		18:58	19:48		21:46	

富良野—美瑛—旭川—札幌主要区间换乘时刻表

列车名	普通	普通	普通	普通	普通	观光号2号	普通	普通	普通
富良野	08:18		09:57		11:45	11:52		13:14	
中富良野	08:25		10:07		11:52	12:11		13:24	
薰衣草花田	08:28		10:10		11:55	12:14		13:27	
上富良野	08:37		10:17		11:59	12:25		13:35	
到达美瑛	08:54		10:33		12:22	12:54		13:51	
从美瑛出发	08:55	09:49	10:34	11:44	12:23		13:08	13:52	14:24
到达旭川	09:24	10:21	11:05	12:16	12:58		13:40	14:28	14:58
列车名	神威18号	宗谷2号	神威22号	神威24号		鄂霍次克4号	神威26号	神威30号	神威32号
从旭川出发	09:55	10:45	11:55	12:55		13:13	13:55	14:55	15:25
泷川	10:27	11:18	12:27	13:27		13:49	14:27	15:27	15:57
从札幌出发	11:20	12:14	13:20	14:20		14:45	15:20	16:20	16:50

列车名	观光号4号	普通	普通	观光号6号	普通	普通	普通	普通	普通
富良野	14:00		15:34	16:09	16:55	18:00	19:07		20:44
中富良野	14:19		15:50	16:34	17:05	18:11	19:17		20:51
薰衣草花田	14:22		15:53	16:38	17:08				
上富良野	14:35		16:00	16:56	17:22	18:21	19:30		20:58
到达美瑛	15:05		16:20	17:20	17:38	18:38	19:46		21:15
从美瑛出发		15:23	16:28	17:21	17:39	18:38	19:47	20:36	21:15
到达旭川		15:55	17:02	17:46	18:16	19:10	20:19	21:10	21:42
列车名		神威36号	鄂霍次克6号	神威40号	神威42号	神威46号	宗谷4号		神威48号
从旭川出发		16:25	17:13	17:55	18:25	19:55	20:32		21:55
泷川		16:57	17:49	18:27	18:57	20:27	21:04		22:27
从札幌出发		17:50	18:47	19:20	19:50	21:20	15:55		23:20

***列车名**:神威1指的是L特急超级神威号1号，鄂霍次克5号指的是特急鄂霍次克5号，宗谷2指的是特急超级宗谷2号，观光1指的是富良野·美瑛观光号1号

*黄色薰衣草花田作为临时停车站，供普通列车（红色）停车，停车时间为7月18日到21日

*富良野·美瑛观光号从6月7日至8月31日每日运行，9月6日至10月13日的周六、周日、法定节假日运行 / 运行期间在薰衣草花田停车

札幌—泷川—富良野

列车名	神威1号	神威5号	神威17号	神威23号	鄂霍次克5号	神威31号	神威33号	神威39号	神威43号
从札幌出发	06:51	08:25	12:00	14:30	15:08	17:00	18:00	19:30	21:00
达到泷川	07:43	09:17	12:52	15:22	16:04	17:52	18:52	20:22	21:52
从泷川出发	08:05	09:37	13:44	15:25	16:18	17:55	19:13	20:37	22:04
到达富良野	09:09	10:48	14:50	16:31	17:30	19:04	20:19	21:40	23:11

富良野—泷川—札幌

列车名	神威8号	神威12号	神威18号	宗谷2号	神威24号	神威26号	神威36号	神威42号	鄂霍次克8号
从富良野出发	06:35	07:39	08:54	10:04	11:33	13:08	15:48	17:46	20:39
到达泷川	07:37	08:46	09:08	11:13	12:27	14:15	16:53	18:49	21:36
从泷川出发	07:51	08:57	10:27	11:18	13:27	14:27	16:57	18:57	21:39
到达札幌	08:46	09:50	11:20	12:14	14:20	15:20	17:50	19:50	22:38

※ 列车时刻表以2014年5月13日发布的时刻表为准，也可能根据当地的具体情况有所变动。

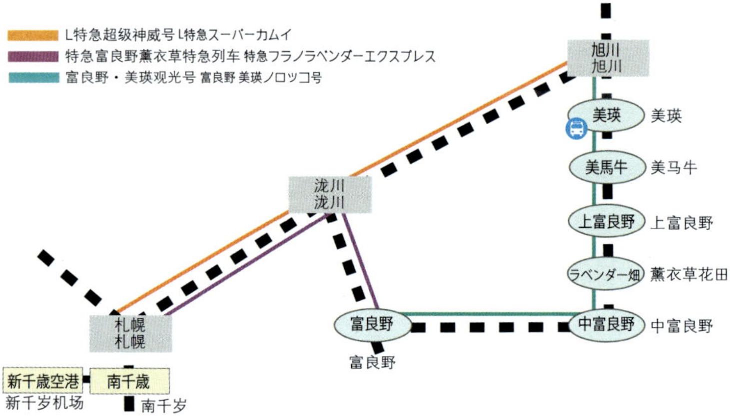

从旭川机场、旭川市区前往的方法

旭川机场距离美瑛乘坐巴士只有15分钟车程。从富良野火车站出发的“薰衣草号（ラベンダー号）”巴士经过美瑛、旭川机场，到达旭川火车站。从机场到美瑛的巴士票价370日元，到富良野的巴士票价770日元，从旭川站到机场的巴士票价620日元，到美瑛的巴士票价620日元，到富良野的巴士票价889日元。“薰衣草号”巴士在不运行观光巴士的冬季也运行，所以适合于冬季旅行时乘坐。

时刻表 www.furanobus.jp/lavender/index.html

富良野—美瑛—旭川机场—旭川市内

新富良野王子酒店	7:02	8:22	9:32	10:32	12:32	13:52	14:52	16:52
富良野王子酒店	7:10	8:30	9:40	10:40	12:40	14:00	15:00	17:00
富良野站前	7:20	8:40	9:50	10:50	12:50	14:10	15:10	17:10
中富良野	7:32	8:52	10:02	11:02	13:02	14:22	15:22	17:22
上富良野	7:44	9:04	10:14	11:14	13:14	14:34	15:34	17:34
深山峠	7:52	9:12	10:22	11:22	13:22	14:42	15:42	17:42
美瑛站	8:04	9:24	10:34	11:34	13:34	14:54	15:54	17:54
旭川机场	8:20	9:40	10:50	11:50	13:50	15:10	16:10	18:10
旭川火车站	8:55	10:15	11:25	12:25	14:25	15:45	16:45	18:45

旭川市区—旭川机场—美瑛—富良野

旭川站	9:35	10:55	12:05	13:05	15:05	16:25	17:25	19:25
旭川机场	10:10	11:30	12:40	13:40	15:40	17:00	18:00	20:00
美瑛站	10:26	11:46	12:56	13:56	15:56	17:16	18:16	20:16
深山峠	10:38	11:58	13:08	14:08	16:08	17:28	18:28	20:28
上富良野	10:46	12:06	13:16	14:16	16:16	17:36	18:36	20:36
中富良野	10:58	12:18	13:28	14:28	16:28	17:48	18:48	20:48
富良野站前	11:10	12:30	13:40	14:40	16:40	18:00	19:00	21:00
富良野王子酒店	11:20	12:40	13:50	14:50	16:50	18:10	19:10	21:10
新富良野王子酒店	11:28	12:48	13:58	14:58	16:58	18:18	19:18	21:18

TIP 薰衣草周游券(ラベンダーフリーパス)

从札幌去富良野和美瑛旅游时可以使用“富良野美瑛周游券（ふらの・びえいフリーきっぷ）”，可以从札幌到自由区间内不限次数乘坐特急列车往返。除富良野美瑛周游券外，薰衣草周游券可以在一天内不限次数搭乘列车前往富良野、美瑛、旭川地区。票价为2,370日元。可以在JR北海道站的绿色窗口（列车票务中心）、JR旅行中心买到。

租车

富良野和美瑛公共交通不发达，如果想仔细游览，最好的办法就是租车游玩。北海道的租车费用在旅游旺季和淡季差别很大，小型车租用24小时淡季时费用为7000日元左右，旺季（7~8月）费用为10000日元左右。从札幌出发“泷川IC”出来之后先游览美瑛，再去富良野。或者从“旭川鹰栖 IC”出来，先游览美瑛，再游览富良野。从札幌搭到“泷川IC”高速公路收费站费用为2720日元，到“旭川鹰栖IC”的费用为3730日元，在休息日过路费下调50%。

札幌市区很多地方是单行线，如果不想在札幌市区或高速公路开车，那么可以乘坐火车去富良野之后再租车。JR铁路通票的持有者使用“车站租车（駅レンタカー）”时可以享受30%的折扣优惠。要提前在中文版的网站上预约。

富良野

富良野

富良野、美瑛之旅的起始

富良野站是展现北海道夏季风采的富良野、美瑛之旅开始的地方。乘坐薰衣草特急列车可以从札幌直达富良野，主要在夏季旺季时期运行。富良野站也是当地人生活的中心，周边聚集了许多餐馆和小商店。游客们喜欢去的葡萄酒厂、奶酪厂、小矮人木屋等距离富良野站有些远，所以最好乘坐巴士或出租车，富田农场位于薰衣草田站，日之出公园和后藤纯男美术馆位于上富良野站。

Access 交通

1 从札幌乘坐JR特急列车到达泷川之后换乘普通列车，车程约2小时。

2 从旭川乘坐JR普通列车，车程1小时10分钟。

富良野美瑛广域观光中心 富良野美瑛広域観光センタ

获得大量当地旅游信息的地方

位于富良野火车站旁边的信息中心，在这里可以获得富良野、美瑛、美马牛地区最新的旅游信息。中心内有电脑能上网，向游客们传递各个季节呈现多彩风光的富良野的最新信息。还能为租车旅游的游客们提供精准的地图和巴士、列车运行时刻表。如果计划从富良野站开始旅程，那么请好好利用这里的最新信息和活动。

地址 北海道富良野市日之出町1-30 **位置** JR富良野站旁边，步行1分钟 **电话** 0167-23-3388 **开放时间** 09:00~18:00

唯我独尊 唯我独尊

富良野最受欢迎的咖喱店

距离火车站很近，由一座木屋建成的咖喱店，给人一种置身于森林深处的感觉。已经有30年的悠久历史了，来这里品尝美味咖喱的人始终络绎不绝。自制香肠咖喱饭（自家製ソーセージ付カレー）和咖喱蛋包饭（オムカレー）是这里的招牌菜。不同于其他咖喱店，这里还有啤酒和葡萄酒。

地址 北海道富良野市日之出町11-8 **位置** 从JR 富良野站步行约3分钟 **电话** 0167-23-4784 **营业时间** 11:00~21:00

魔女的汤匙 魔女のスプーン

以奶酪为底料的汤咖喱

放入不少于蔬菜量的足量新鲜北海道奶酪制成奶酪汤咖喱和根据主人的心情放入不同材料的随意调配咖喱（わがまま）是这里的招牌料理。距离火车站比较近，所以很方便去，夏季和秋季只使用自产的食材。

地址 北海道富良野市日之出町12-29 **位置** 从JR富良野站步行约3分钟 **电话** 0167-23-4701 **营业时间** 12:00~15:00，18:00~21:00

北海道中心标 北海道中心標

在富良野举行肚脐节的缘由

富良野是北海道的中心，在位于东经142度16分，北纬43度24分的地方修建了富良野小学（富良野小学校）。因为富良野是北海道的中心，在很久以前就被称为北海道肚脐。7月末大量游客前来参观，届时将在富良野举行代表性节庆活动——肚脐节（へそ祭り）

地址 北海道富良野市若松町 10-1 **位置** 从JR富良野站步行约15分钟

富良野神社 富良野神社

拥有百年历史的日本神社

富良野神社拥有一百多年的历史，北海道的中心地标富良野小学就在神社的旁边。北海道神社不多，因此如果对日本的神社文化感兴趣的话可以来这里参观一下。人气偶像团体岚的成员二宫和也出演的电视剧《温柔时光（優しい時間）》中，主人公买护身符的场景就是在这里拍摄的。电视剧播出后，前来参观的人数剧增。

地址 北海道富良野市若松町17-6 **位置** 从JR富良野站步行约15分钟，位于富良野小学的后面

咖喱富良野屋 カレーのふらのや

能吃到汤咖喱和咖喱块的餐厅

富良野的汤咖喱专营店，因为很受欢迎，在札幌也开有门店（但是比较远，不太适合游客前往）。将大块的新鲜蔬菜放入清爽的汤中制成的汤咖喱饭（スープカレー）是这里的主要料理。炸鸡咖喱饭（チキン）和蔬菜咖喱饭是这里的招牌菜。除汤咖喱外，还有用咖喱块（ルカレー）做成的日式咖喱饭。

地址 富良野市弥生町1-46 **位置** 富良野神社旁边 **电话** 0167-23-6969 **营业时间** 11:00~18:00 / 不定期休息 **价格** 炸鸡汤咖喱饭880日元（午饭780日元），蔬菜汤咖喱980日元

咖喱富良野屋（外部）

咖喱富良野屋（内部）

小矮人木屋 ニングルテラス

享受漫步森林的购物体验

小矮人木屋是新富良野王子酒店经营的商店，在森林里有十五座小木屋，在小木屋内出售取自于富良野及北海道大自然创意的手工艺品、纪念品。小矮人（ニングル）是著名剧作家仓本聪创作的小说《小矮人》中的登场人物，是精灵，意味着森林的智者。传说北海道的森林里曾住着一些身高只有15厘米的小矮人。

地址 北海道富良野市中御料 **位置** 从富良野站开车大约需要20分钟，位于新富良野王子酒店内 **地图标号** 919 553421*32（新富良野王子） **电话** 0167-22-1111 **营业时间** 12:00~20:45（7~8月从10:00开始营业）

森之时计咖啡屋 森の時計

电视剧背景地，富良野人气咖啡屋

森之时计咖啡屋和小矮人木屋一样，也是由新富良野王子酒店经营。这里是日剧《温柔时光（2005）》的故事发生地。电视剧播出之后还保留着拍摄时的样子。在这里可以一边品咖啡，一边欣赏富良野的四季美景。顾客坐在有9个座位的吧台上，自己研磨咖啡豆，动手制作咖啡。

位置 新富良野王子酒店内，小矮人木屋旁边 **电话** 0167-22-1111（酒店电话） **营业时间** 10:00~21:00

富良野奶酪厂 富良野チーズ工房

品尝和体验新鲜乳制品的工厂

北海道盛产奶制品，富良野奶酪厂是一个可以品尝到用北海道新鲜牛奶做成的奶酪、黄油等奶制品，并能体验制作乐趣的工厂。一楼是制作奶酪的地方，游客隔着玻璃可以看到制作奶酪的过程，按照制作室、发酵室、包装室的顺序参观。二楼是销售奶酪及多种奶制品的地方，有能免费试吃的地方。奶酪厂旁边就是冰激凌厂和比萨厂。

地址 富良野市中五区 **位置** 从JR富良野站开车需要10分钟，骑自行车需要30分钟，乘坐出租车大约1,000日元 **地图代码** 550 840207*42 **电话** 0167-23-1156 **开放时间** 09:00~17:00（4~10月），09:00~16:00（11~3月）/ 年末年初休息 **票价** 免费

体验路线	开始时间	费用	备注
黄油	09:15，10:15，11:15，13:30，14:30，15:30	680日元	
冰激凌	09:15，10:15，11:15，13:30，14:30，15:30	680日元	1次讲座不满4人将取消
面包	10:00，13:30	850日元	2人以上可以体验
奶酪	09:30，11:00，13:30，15:00	850日元	1次讲座不满20人将取消

富良野葡萄酒厂 富良野ワイン工場

用富良野的葡萄酿造葡萄酒的地方

富良野的葡萄和薰衣草、奶制品一样有名，富良野葡萄酒厂就是用富良野葡萄酿造红酒的工厂。在地下一层可以看到在酒桶里发酵保存的葡萄酒。在二楼可以免费试饮储存在酒桶中的红葡萄酒、白葡萄酒以及玫瑰葡萄酒三种富良野葡萄酒。这里也出售葡萄酒，主要出售富良野地区限量的葡萄酒（ふらの地域限定ワイン）和工厂限量葡萄酒（ふらの工場限定ワイン）这些在其他地区很难买到的葡萄酒。

地址 北海道富良野市清水山 **位置** 从JR富良野站开车需要10分钟，骑自行车需要30分钟，乘坐出租车需要1,000日元 **地图标号** 349 090 841*21 **电话** 0167-22-3242 **营业时间** 09:00~16:30（6~8月 18:00关门） **票价** 免费

薰衣草田站 ラベンダー畑駅

通往富田农场的夏季旅游旺季临时站点

距离富良野、美瑛地区最受欢迎的富田农场最近的站，开设时间不长，只有月台的简易站。只在薰衣草开花、大量游客前来的夏季旅游旺季供停车用，7月和8月除了“富良野·美瑛观光号”列车之外，还有几辆普通列车停靠。

地址 北海道空知郡中富良野町基线北15号 **位置** 从JR富良野站乘坐火车需要12分钟，从美瑛站乘坐列车需要38分钟

富田农场 ファーム富田

摄影家们喜爱的薰衣草花园

富良野的薰衣草田被世人所熟知始于1976年国铁（现在的JR）月历上印有的富田农场的美丽风景照片。这在薰衣草产业衰退的当时引起了热议，众多游客和摄影家聚集到富良野，转为种植其他作物的农场又重新开始种植薰衣草，直到成为今天的规模。如果进到富田农场的室内花园，在薰衣草开放之前的四五月份就可以看到盛开的薰衣草。富田农场还出售用薰衣草提取液制成的精油和薰衣草香皂等产品。农场出产的薰衣草精油在1990年法国举行的薰衣草博览会上获得了第一名。在夏季旅游旺季时期开放薰衣草田站（ラベンダー畑），用于富良野·美瑛观光号列车的临时停车站，更加方便了游客们前往富田农场。

地址 空知郡中富良野町基线北15 **位置** 从JR富良野站开车需要20分钟，骑自行车需要40分钟 / 从JR中富良野步行30分钟/ 夏季旅游旺季期间，从薰衣草田站临时停车站步行7分钟 **地图标号** 349 276 801 **电话** 0167-39-3939 **开放时间** 08:30~17:30（6~8月），08:30~17:00（5月、9月），09:00~16:30（10~次年4月）

日之出公园 日の出公園

回荡着爱之钟声的美丽花园

日之出公园是一个薰衣草花园，山坡上有一个白色希腊式拱门样子的“爱之钟（愛の鐘）”，是公园最受欢迎的景点。爱之钟旁边还写着“爱的邮筒”的字样，意味着寄出盛满花香的信件。来到这里的恋人、夫妇一定会来这里祈祷爱情永恒。爱之钟是富良野、美瑛首屈一指的景点，但是除夏季旅游旺季之外，其他时间都被蓝色塑料覆盖着。距离火车站很远，周边没有可以游览的其他景点，略显遗憾。

地址 北海道空知郡上富良野町东1线北27号 **位置** 从JR上富良野站步行约20分钟 **地图标号** 349 463 374

后藤纯男美术馆 後藤純男美術館

日本美术界巨匠后藤纯男作品展馆

后藤纯男（後藤純男，1930-）是日本美术界的巨匠，获得过多项大奖和勋章。因为喜爱北海道的自然风景，后藤纯男于1987年来北海道开设工作室，1997年改建为美术馆。这里陈列着价值可以达到数亿日元的作品130余幅。作品的主题除了北海道的自然风景之外，还有京都寺庙的画作，去过京都旅游的游客们可以从他的画作里再次重温旅程。

地址 北海道空知郡上富良野町东4线北26号 **位置** 从JR上富良野站开车需要大约5分钟 **地图标号** 349 434 047 **电话** 0167-45-6181 **开放时间** 09:00~17:00（4~10月），09:00~16:00（11~3月） **票价** 成人1,000日元，中小学生500日元

富良野烧烤 ふらのグリル

能看到十胜岳山脉的餐厅

位于后藤纯男美术馆二楼，通过宽敞的窗户可以看到美术馆第六展厅内展出的后藤纯男长约7米的新作《十胜岳山脉》的现实风貌。还可以来到窗外的露台观看。用上富良野地区的特产猪肉做成的料理是这里的主菜，为方便游客点餐，还备有图片菜单。

位置 后藤纯男美术馆2楼 **营业时间** 09:00~17:00（11~3月截止到16:00） **价格** 1,000日元起

美瑛、美马牛
肯及玛丽之树
ケンとメリーの木
北西之丘展望公园
北西の丘展望公園
石山
石山
亚斗梦之丘
ぜるぶの丘・亜斗夢の丘
拼布之路 パッチワークの路
美瑛高中
美瑛高等学校
富良野国道 富良野国道
美瑛站
美瑛駅
美瑛町图书馆
美瑛町 図書館
四季之塔
四季の塔
美瑛小学
美瑛小学校
圆山公园
丸山公園
憩森展望公园
憩ヶ森公園
JR富良野线 JR富良野線
超广角之路 パノラマロード
新荣之丘展望公园
新栄の丘展望公園
三爱之丘展望公园
三愛の丘展望公園
圣诞之木
クリスマスツリーの木
富良野国道 富良野国道
千代田之丘
千代田の丘
美马牛中学
美馬牛中学校
美瑛乘马俱乐部
美瑛乗馬クラブ
富田农场
かんのファーム
美马牛邮局
美馬牛郵便局
美马牛站
美馬牛駅
美马牛小学
美馬牛小学校
四季彩之丘
四季彩の丘
拓真馆
拓真館
富良野国道 富良野国道
深山峠 深山峠
深山峠薰衣草公园
深山峠ラベンダーオーナー園
错觉艺术美术馆
トリックアート美術館
富良野泰迪熊博物馆
富良野テディベアミュージアム

美瑛市内交通

自行车租赁

美瑛站、美马牛站前面有自行车租赁点，很容易就能租到自行车。有多条欣赏美丽山丘的路线，每条线路都需要花费四到五个小时的时间。比起租用山地自行车（MTB）来，最好租用电动自行车。电动自行车的电池只能坚持两到三个小时，因此可以只在上坡的时候用电动，这样可以最大限度地省电。

营业时间 从6月28日起到8月31日 每日租赁 **费用** 1,000日元

观光巴士美瑛号 ツインクルバス美瑛号

观光巴士美瑛号只搭载JR北海道火车票、JR铁路通票持有者，从美瑛站始发。“观光巴士美瑛号”实行事先预约制，发车前如果有座位，仍然能预约，因此游客们能很便利地搭乘。有丘陵路线（丘コース）和拓真馆（拓真館コース）路线，各自费用为500日元。

❖ 观光巴士美瑛号丘陵路线 ツインクルバス美瑛号 丘コース

运行时间 09:20*，10:50，11:05@*，11:55，13:05，14:05，15:15*，16:15

运行时间段 6月7日~6月30日 每日运行8班，7月1日~8月31日 除有@标志以外的巴士，每日运行8班，9月6日~10月13日 有*标志的只在周六、周日、法定节假日运行

费用 500日元

❖ 观光巴士美瑛号拓真馆路线 ツインクルバス美瑛号 拓真館コース

运行时间 10:45，13:15*，15:30

运行时间段 6月7日~6月30日 有*标志的车每日运行，9月6日~10月13日 周六、周日、法定节假日 有*标志的车运，7月1日~8月31日 每日运行3班

费用 500日元

观光巴士美瑛号 ツインクルバス美瑛号

下午14:15从富良野站发车，途经富田农场、青池、亚斗梦之丘等地，大约18:45到达旭川。乘坐观光巴士游览，感觉如同成为背包客，费用为1000日元，价格较低，但是需要提前三天预约，并且不能通过电话、网络预约，只能在JR北海道站的预约中心预约，所以如果日程安排比较紧，那么有可能无法搭乘观光巴士游览。只有JR北海道火车票、JR铁路通票的持有者才能乘坐。

运行时间 6月28日~8月31日 每日运行，提前3天预约（JR北海道窗口、旅行中心）

费用 1,000日元

美瑛

美瑛

流露淡雅气息的薰衣草花园

美瑛的住宅颇具欧式风格，聚集在以美瑛站为中心的地带。美瑛站和美马牛站一带有北海道代表性兜风路线，被称为拼布之路和全景之路，非常适合开车兜风和徒步旅行。夏季可以欣赏盛开的薰衣草，冬季可以欣赏被白雪覆盖的原野上的树木。如果想游遍美瑛，最好租车出游。如果计划徒步或租用自行车出游，那么建议游客安排更充足的时间游览一到两个薰衣草花园。

Access 交通

1 从富良野站乘坐JR普通列车，大约需要40分钟

2 从旭川站乘坐JR普通列车，大约需要35分钟

美瑛站 美瑛駅

有着复古气息的火车站

美瑛站使用灰色的砖建成，外观自然纯朴。因为充满复古气息，外观漂亮，曾出现在汽车广告及人气偶像组合早安少女组的MV中。过去居住在北海道的原住民把意思为“流着浑浊的江的地方”错误地发音为“ピイエペツ”，意思为“美丽的翡翠色”，由此开始把这里叫作“美瑛”。

地址 北海道上川郡美瑛町本町1丁目9番21号
位置 从旭川乘车大约35分钟，从富良野站乘车大约40分钟 **地图标号** 389 010 596

丘之仓道路休息站 道の駅 丘のくら

出售地方特产的休息站

“道の駅”指的是由国家登记并管理的道路休息站。美瑛的丘之仓道路休息站就在JR美瑛站的旁边，于20世纪初用石头建成，原本是一座仓库建筑。这里销售美瑛地区的特产，另外还有餐厅。还有展示美瑛地区美丽风景的画廊，正前方就是四季情报馆旅游问讯处，在等车的时候可以参观一下这两个地方。

位置 从JR美瑛站步行1分钟 **丘之仓道路休息站开放时间** 09:00~19:00（11~4月截止到17:00，餐厅营业时间为 11:00~14:30） **四季情报馆（旅游问讯处）开放时间**08:30~19:00（11~4月截止到17:00）

丘之宿 こえる

首创咖喱乌冬比萨

富良野和美瑛是相邻的地区，但是富良野是“富良野市”，美瑛是上川郡“美瑛町”。两个地方的行政区划不同。两个地区的特色美食也不同。富良野的汤咖喱很有名，美瑛的咖喱乌冬很有名，因为美瑛有多个小麦农场。二楼可以住宿。Koeru主要供应咖喱乌冬面。为纪念2012年重装开业独创“咖喱乌冬比萨”，很受欢迎。

地址 上川郡美瑛町大町1-1-17 **位置** 位于JR美瑛站后面，步行约2分钟 **营业时间** 11:00~14:30，17:00~21:00 **价格** 咖喱乌冬比萨780日元，咖喱乌冬面880日元

恋爱餐厅 戀や

以合理的价格品尝乌冬面和盖饭

恋爱餐厅是一家位于美瑛站前方的咖喱乌冬专营店。并不是将乌冬面放到咖喱里面吃，而是蘸面（蘸着吃的拉面），就是将乌冬面蘸咖喱吃的形式。和Koeru的区别在于店里的料理以用美瑛特产的小麦面粉制成的乌冬面为主，还有猪排盖饭等菜品。价格相对比较低，可以用没有负担的价格享受美食。

地址 上川郡美瑛町荣町1-2-25 **营业时间** 11:00~14:00，17:00~19:30 **位置** JR美瑛站 **价格** 1,000日元以内

四季之塔 四季の塔

可以俯瞰美瑛风景的瞭望塔

四季之塔高32.4米，美瑛的建筑几乎不超过三层，站在塔上足以俯瞰美瑛美丽的风景。在游览美瑛、美马牛地区的薰衣草花园之前，可以先登上四季之塔，计划一下游览的路线。从美瑛站到这里的道路也很漂亮。免费入场参观，四季之塔前面的小广场社可以供游客休息。

地址 美瑛町本町4丁目美瑛町役场附设 **位置** 从JR美瑛步行10分钟 **地图标号** 389 011 255 **营业时间** 08:30~19:00（11~4月截止到17:00）/ 年末年初休息 **费用** 免费

拼图之路 パッチワークの路

种植各种农作物的美丽田地

拼图之路与观景道路可以说是美瑛最具有代表性的观光线路。为了防止连耕连作而划区分种的这片农田，一眼望去，就像用千块碎布拼接缝制的手工艺品，也由此而得名“拼图之路”。

位置 JR美瑛站 西部一带

北西之丘展望公园 北西の丘展望公園

以金字塔造型的观景台而闻名的北西之丘展望公园

北西之丘展望公园位于美瑛市西北面，设计非常独特，仿若一座金字塔。站在观景台上，美瑛区域内的美丽风景、美瑛周围的重峦叠嶂便可尽收眼底。在夏季旅游旺季时，公园内还设有观光咨询处和商店。

地址 北海道上川郡美瑛町大久保协生 位置 距离JR美瑛车站约2.5公里，从美瑛车站骑自行车25分钟、徒步30分钟 地图标号 389070315 电话 0166-92-4445

Zerubu之丘·亚斗梦之丘 ぜるぶの丘·亜斗夢の丘

与富田花园并肩成为最有名的花园

Zerubu之丘·亚斗梦之丘是富良野地区最有名的花园之一，也是旅游团常去之地。薰衣草的浪漫再加上夏末盛开的向阳花让这个地方更加迷人。把“风（風，かぜ）”，“香气飘溢（香る，かおる）”，“游玩（遊ぶ，あそぶ）”最后面的文字组合起来就是Zerubu之丘。Zerubu之丘后面的亚斗梦之丘设有西餐厅和展望台。

地址 北海道上川郡美瑛町大三 **位置** 距离JR美瑛车站约2.5公里，从美瑛车站徒步35分钟，骑自行车20分钟。 **地图标号** 389071595 **电话** 0166-92-3160

肯及玛丽之木 ケンとメリーの木

曾出现在广告中的著名白杨树

肯及玛丽之木是在1923年为了划分农场的边界而种植的，1970年因出现在日产汽车的广告里而闻名全国。在从北西之丘展望公园去Zerubu之丘的途中可以尽享这一美景。

位置 距离JR美瑛车站约2.5公里，从美瑛车站徒步30分钟，骑自行车25分钟 **地图标号** 389071727

照片廊坊 写真ギャラリー

将美瑛的风景装进画廊

在北西之丘展望公园的商业区里，有好多与菊地晴夫、阿部俊一等相类似的画廊，这些画廊展示并出售美瑛独特的风景图片，在这里可以买到印有迷人风景的相框和日历。

位置 北西之丘展望公园正旁边

观景道路 パノラマロード

自行车旅行的中心地带

观景道路位于美瑛站的东边和美马牛站一带，与拼图之路观光路线一样，在美瑛地区备受青睐。骑一辆租用自行车，就算环游一整天，也无法将拼图之路和观景道路全部游览完，所以最好二者选其一。如果选择观景道路的话，小编建议在JR美马牛站租一辆自行车，然后从这里出发旅游。

美马牛站的租用自行车

TRAVEL tip

在美马牛站的正前方有一个自行车出租商店“ガイドの山小屋”。主要出租一般自行车、MTB以及电动自行车三种。骑一般自行车游览蜿蜒倾斜的观景道路是非常吃力的，所以小编推荐最好租用电动自行车。

	一般自行车（ママチャリ）	21段齿轮（MTB）	电动自行车（電動自転車）
1小时	200日元	400日元	600日元
4小时	750日元	1,200日元	2,200日元
1天（最多18小时）	1,000日元	1,500日元	3,000日元

※ ガイドの山小屋营业时间：08:00~18:00

菅野农场 かんのファーム

距离车站最近的薰衣草地

在美瑛地区的园地中，菅野农场距离车站最近，完全不用租用汽车、自行车，只需要15分钟，轻轻松松就可以完成徒步旅行。这里除了薰衣草，还种植着10余种其他植物，让你的心情也随之变得色彩斑斓。在园地的一侧有一个小商店“キンコン菅野”，在那里你不仅可以买到用干花和薰衣草制成的化妆品、芳香剂以及香皂等多种产品，还可以吃到土豆、玉米以及冰激凌等各色小吃。

地址 北海道空知郡上富良野町西12线北36 **位置** 距离JR美马牛站约1.5公里，徒步15分钟，骑自行车10分钟 **地图标号** 349728754 **电话** 0167-45-9528 **时间** 09：00~日落（6月中旬~10月中旬）

美马牛小学校 美馬牛小学校

帅气的塔和美丽的钟

从美马牛站出来，沿着山路稍微往前一走，就能看见一座仿若教堂的建筑物，这便是美马牛小学校。学校中间不仅矗立着高耸的塔，还设立着美丽的钟。日本的摄影大师前田真三就曾凭借他的作品集“塔之丘”而一举成名。休闲时间还能享受到凭借“魔王”“鲻鱼”而闻名的舒伯特的“野玫瑰D257”。

地址 北海道上川郡美瑛町美马牛南2-2-58 **位置** 距离JR美马牛站约0.9公里，徒步12分钟，骑自行车9分钟 **电话** 0166-95-2113

四季彩之丘 四季彩の丘

观景道路上最具代表性的展望公园

四季彩之丘是观景道路上最具代表性的展望公园，很容易就能找到。园内的商店里出售着用美瑛山牛奶制作的软香冰激凌。同时，园内设有专门的列车，让你尽享牵引火车的美妙感觉。冬天的时候还有机动雪橇可供选择。四季彩之丘的吉祥物是用干草垛扎成的稻草roll君（ロール君，男孩）和roll伊（ロールちゃん，女孩）。

地址 北海道上川郡美瑛町字新星第三 **位置** 距离JR美马牛站约2.2公里，徒步约30分钟，骑自行车20分钟 **地图标号** 349 701 160 **电话** 0166-95-2758

拓真馆 拓真館

珍藏着前田真三80幅摄影作品的画廊

美瑛町，美马牛站的魅力风景之所以能够闻名全国，风光摄影大师前田真三可谓是功不可没。1971年前田真三在横穿日本的摄影旅行中第一次来到这个地方，之后，他开始用照片将这里的迷人风景一一展示给国人。拓真馆里珍藏着前田真三的80幅摄影作品。正如著名摄影家总能给我们提供一个崭新的视角，让我们去遇见更美的风景一样，想要留住这个地区更加精彩的风景瞬间，不妨先来这里转一圈再去游览整个美瑛町、美马牛区域的美丽风景。

地址 北海道上川郡美瑛町字拓进 **位置** 距离四季彩之丘约2.7公里，徒步约35分钟，骑自行车30分钟/距离美马牛站4.9公里 **地图标号** 349 704 272 **电话** 0166-92-3355 **时间** 09:00~17:00（11~4月16:00止/冬季不定期闭馆情况较多） **费用** 免费

千代田之丘 千代田の丘

能观赏到美瑛全景的观景台

千代田之丘上有一个观景台，观景台上的塔像火箭一样直升云霄。因其所处的位置较高，给人一种“一览众山小”的舒畅感。天气好的话，甚至能眺望到常年积雪的大雪山和水沢堤坝。

地址 北海道上川郡美瑛町春日台 **位置** 距离拓真馆约2公里，徒步约30分钟，骑自行车20分钟/距离JR美马牛站6.9公里 **地图标号** 349 734 579 **电话** 0166-92-1718（千代田农场）

三爱之丘 三愛の丘, 新荣之丘展望公园 新栄の丘 展望公園

富良野·美瑛町

在列车路线的两侧有两个名字相仿的山丘，一个是临近千代田之丘的三爱之丘，另一个是比它稍矮一点的新荣之丘。新荣之丘地势平缓，幅员辽阔，一眼望去，让人心旷神怡。因日落时分景致绚丽无比而出名。

三爱之丘

位置 距离千代田之丘约2公里，徒步约30分钟，骑自行车20分钟/距离JR美马牛站8.9公里 **地图标号** 349 792 477

新荣之丘展望公园

位置 距离拓真馆约4.6公里，徒步约1小时，骑自行车50分钟/距离JR美马牛站9.5公里 **地图标号** 349 790 676

圣诞之木 クリスマスツリーの木

口口相传造就的旅游胜地

从新荣之丘上稍微往下一走就能看到圣诞之木。这里没有任何标志牌，所以找起来有些费劲。圣诞之木因样子跟圣诞树很像而得名。所有的观光胜地都有标志牌，唯独这个地方是通过口口相传而闻名。

位置 距离JR美马牛站2公里徒步约30分钟，骑自行车15分钟 **地图标号** 349 788 146

云霄飞车之路 ジェットコースターの路

连绵起伏的笔直道路

离美马牛站稍远的地方有一条大约5公里的连绵起伏的道路，虽然它不是连接各个观光地的道路，但你却能从连绵起伏中观赏到美瑛地区的美丽风景，可谓趣味横生。如果不是专程包车旅行的话，在道路入口处观赏游览一下就好了。

位置 从JR美马牛站向237国道方向前进，不进237国道，径直往前走 **地图标号** 349 667 123

深山峠展望台 深山峠展望台

高坡地带的薰衣草园地

位于上富良野与美瑛交界之处的这片薰衣草园地，是1972年建立的最早用于观光的园地。这块园地位于上富良野与美瑛交界的平缓山丘上，因比其他薰衣草园地地势高，薰衣草风景更显独特动人。夏天，从这里还可眺望到白雪皑皑十胜岳山脉美景。另外，登上展望台旁边50米高的摩天轮又会是一番独特体验。

地址 北海道空知郡上富良野町西8线北33号深山峠 **位置** 从JR美马牛站步行约40分钟 **地图标号** 349 669 128 **摩天轮时间** 09:00~17:00（4月，10~11月），09:00~18:00（5，9月） **摩天轮门票** 成人 600日元

错觉艺术美术馆 トリックアート美術館

3D立体作品展示馆

这是展示3D立体作品的美术馆，馆内大约陈列了50幅作品。展示馆外墙上画的巨幅希腊神殿像，可以称得上是日本最大的3D立体作品。在馆内既可以拍照又可以购买到各种3D纪念品。

地址 北海道空知郡上富良野町西8线北33号深山峠 **位置** 从JR美马牛站骑自行车约30分钟 **地图标号** 349 639 700 **电话** 0167-45-6667 **时间** 09:00~17:00（4月，10~11月），09:00~18:00（5,9月），09:00~19:00（6~8月）/ 12~3月 闭馆 **门票** 成人1300日元，中学生1000日元，小学生700日元，未满10岁免费

青莲池 青い池

苹果MacBook背景图片风景

青莲池是在堤坝中蓄水而形成的，此堤坝是在1988年十胜岳山火山喷发时，为了防止火山泥流的发生而建造的。从附近白金温泉里涌出来的富含氢氧化铝的水流进莲池，在莲花的映照下变成了蓝色。2012年7月发布的Mac OSX Mountain Lion将这美景选为背景图片，2013年9月发布的iOS7也将其选定为初始界面。据说，初始界面的这张池塘剪影是由居住在美瑛的摄影师Kent Shiraishi于2011年10月下第一场雪时拍摄的。从美瑛站来这个地方的公交或者出租自行车不多，所以只能乘坐租用车或为列车旅客量身打造的预约制游览车"twinkle巴士美瑛薰衣草号"。

地址 距离美瑛站约17公里，在白金温泉前面 **地图标号** 349 568 888 **旅游时间** 从雪开始融化的春天到积雪之前，距离青莲池前方2公里的白金温泉观光咨询所（白金インフォメーションセンター）从4月下旬营业到10月下旬

北海道啤酒的故事

在日本，即便是小小的拉面馆也会卖扎啤，旅行途中来一杯酒，那感觉简直妙不可言。路途中如果能喝到日本传统的清酒当然很好，但是最常喝的还得当属啤酒。北海道的天气干燥凉爽，非常适合啤酒原料啤酒花的生长，再加上这里的水清澈甘洌，酿出来的啤酒可以说是天下无双，当地人引以为傲。

类似啤酒饮料？发泡酒

在日本，就算进个小小的便利店，也能看到多种多样的啤酒。进了大型超市，啤酒种类更是多达百余种，顿时让人眼花缭乱，无从下手。那就先让我们来了解一下日本的啤酒吧。

根据日本的酒税法，使用了规定以外的啤酒原料及麦芽以外的其他原料酿造而成的酒为发泡酒。啤酒制造公司也会酿造发泡酒。因设计与啤酒非常相似，经常被误认为是啤酒。

发泡酒之所以如此受人追捧，是因为其中的麦芽含量少，从而减少了苦涩的味道。啤酒和发泡酒的税率不同，因为发泡酒比啤酒大约便宜50~100日元。

尝一尝北海道的限量版啤酒吧

在北海道旅行时，经常能看到“北海道限量版”之类的字眼儿，啤酒中也有北海道限量版一说。

朝日北部的职人长熟(アサヒ北の職人 長熟)

着眼于北海道巨大市场的朝日啤酒，以其独特的名字吸引着大众的眼球，以其百分百精心的长期发酵和百分百的麦芽含量而备受青睐。啤酒缓缓滑过柔软的喉咙，醇香瞬间在口中弥漫开来。

札幌 经典(サッポロクラシック)

从1985年开始销售的札幌经典啤酒是地区啤酒的开拓者，其销售管理极为严格，只有在北海道区域内才能买得到。所以到了北海道，就算是不喝酒的人，也一定会品尝一下札幌经典啤酒。

札幌 道产素材-SELECT(サッポロ, 道産素材 SELECT)

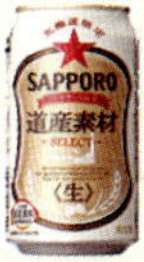

道产素材-SELECT啤酒也和札幌经典啤酒一样，将市场瞄准北海道地区。使用的富良野产啤酒花等原料70%产自北海道本地。因是发泡酒，价格比较低，味道和香味稍微有些淡。

北海道地区的乡土啤酒(地ビール)

如果是真正喜欢喝啤酒的人，除了要喝北海道限量版啤酒，也一定不要忘了品尝一下北海道地区的乡土啤酒。乡土啤酒是指在小规模的造酒坊里制造并只在本地销售的一种“地区啤酒”。日本大约有100多个地方在生产乡土啤酒。在国际啤酒大会上获金奖的函馆“社长也常喝的啤酒”、采用常年积雪的大雪山水酿造的旭川“大雪山乡土啤酒”和见证了日本啤酒历史的札幌“开拓者乡土啤酒”都是北海道代表性的乡土啤酒。

函馆的“社长也常喝的啤酒”

旭川的“大雪山乡土啤酒”

札幌的“开拓者乡土啤酒”

MOO

钏路

日本捕鱼量最大的“雾都”城市

位于北海道东部太平洋沿岸的钏路，是依托造纸业发展起来的工业城市，同时它还是一个港湾城市，拥有北海道最大的粮食进出口港口。每年夏季南上的暖空气与北下的冷空气在钏路交会，特别容易引起大雾，因此钏路也被称为日本的“雾都”。尽管钏路距离札幌比较远，交通多有不便，但是，这里有日本最大的湿地保护区——钏路湿原、拥有魅力风景的温泉度假村——摩周湖以及屈斜路湖等极具魅力的生态观光资源，每年来这里的游客络绎不绝。

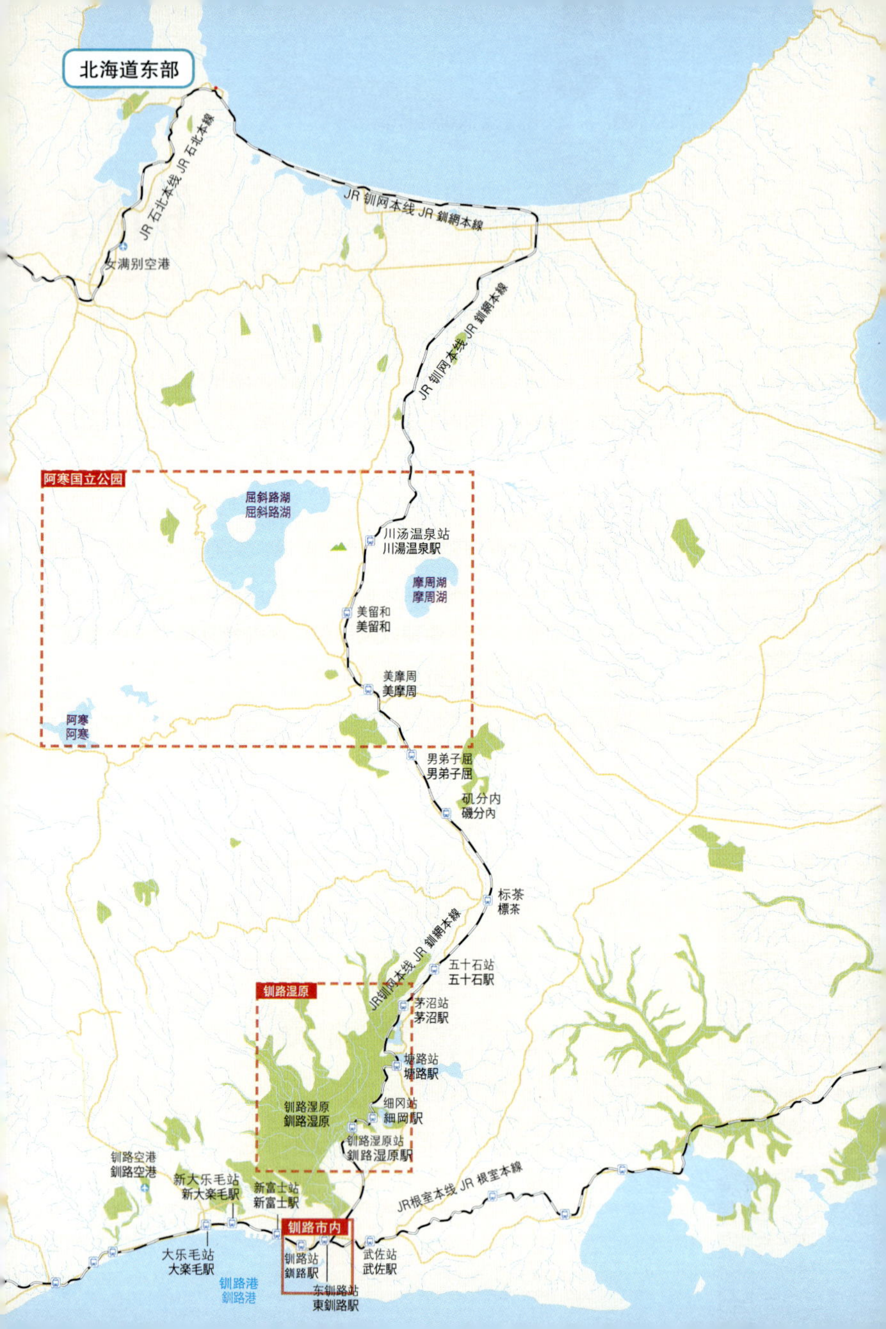
北海道东部
JR 石北本线 JR 石北本線
女满别空港
JR 钏网本线 JR 釧網本線
JR 钏网本线 JR 釧網本線
阿寒国立公园
屈斜路湖
屈斜路湖
川汤温泉站
川湯温泉駅
摩周湖
摩周湖
美留和
美留和
美摩周
美摩周
阿寒
阿寒
男弟子屈
男弟子屈
矶分内
磯分内
标茶
標茶
JR钏网本线 JR 釧網本線
五十石站
五十石駅
钏路湿原
茅沼站
茅沼駅
塘路站
塘路駅
钏路湿原
釧路湿原
细冈站
細岡駅
钏路湿原站
釧路湿原駅
钏路空港
釧路空港
新大乐毛站
新大楽毛駅
新富士站
新富士駅
JR根室本线 JR 根室本線
钏路市内
大乐毛站
大楽毛駅
钏路站
釧路駅
武佐站
武佐駅
钏路港
釧路港
东钏路站
東釧路駅

钏路

乘坐经停航班

如果打算去钏路旅行的话，可以乘坐日本航空JAL或全日空ANA，经由东京羽田然后到达钏路。乘坐经停航班时，路线可能会是“钏路（进）—女满别（出）”，“钏路（进）—札幌（出）”。

从札幌乘坐JR列车

从札幌出发到钏路的特级列车——超级大空每天往返六班，经由南千岁（距离新千岁航空5分钟路程）、带广抵达钏路。所需时间约为4小时20分钟，费用为9370日元。购买北海道周游通票要比往返票更便宜，详细资料请参考p.293。

从网走乘坐JR列车

从网走出发经由知床斜里、川汤温泉、摩周（钏路湿原）到达钏路的列车，一天仅有四班。从网走到钏路之间也有一部分区间列车，与其坐直达列车，不如在区间内转乘一两次车，这样可以顺便游览一下周围的景点。但要注意的是，千万不要错过列车，否则需要等很长时间。所以，最好提前规划好日程，把握好列车出发时间。从网走到钏路的车费为3670日元。

网走→钏路

站/列车		普通	[快]时	诺1	普通	普通	普通	摩川	普通	诺3	普通	普通
网走(網走)	出发	6:41	10:01		13:25		14:27				16:15	18:25
知床斜里(知床斜里)	到达	7:22	10:41		14:12		15:13				17:05	19:11
	出发	7:27	10:46				15:14				17:30	19:11
川汤温泉(川湯温泉)	到达	8:17	11:39					16:15			18:15	20:10
	出发	8:17	11:40			13:40		16:29			18:16	20:26
摩周(摩周)	到达	8:34	11:55			13:56		16:45			18:31	20:44
	出发	8:37	12:00			13:57			17:21		18:32	21:10
细冈(細岡)	出发	9:44		12:32		14:55			18:20	15:29	19:30	22:12
钏路湿原(釧路湿原)	出发	(09:48)	13:09	12:38		14:59			(18:24)	15:35	(19:34)	レ
钏路(釧路)	到达	10:07	13:27	13:06		15:17			18:46	16:03	19:56	22:35

钏路→网走

站/列车		[快]时	诺2	普通	普通	普通	摩川	普通	诺4	普通	普通	普通
钏路(釧路)	出发	9:05	11:06	11:46		13:28			13:57	16:04	17:30	18:51
钏路湿原(釧路湿原)	出发	(09:25)	11:30	12:04		13:48			14:21	16:23	(17:51)	(19:10)
细冈(細岡)	出发	レ	11:35	12:08		13:53			14:26	16:27	17:56	19:14
摩周(摩周)	到达	10:20		13:02		14:53				17:21	19:24	20:09
	出发	10:21		13:03			15:06			17:21		20:10
川汤温泉(川湯温泉)	到达	10:35		13:18			15:22			17:37		20:25
	出发	10:36					15:40			17:38		20:26
知床斜里(知床斜里)	到达	11:19			12:37			16:28		18:28		21:10
	出发	11:25			12:37			16:28		18:29		21:10
网走(網走)	到达	12:05			13:24			17:14		19:19		21:52

※ [快]时：快速知床/诺1：钏路湿原 诺罗科号列车1号/摩川:摩周和川汤温泉足汤芽久里列车

※ 诺1~4、摩川列车只在夏季运行

钏路市内
釧路

通往钏路湿原和阿寒湖的关口

人们习惯性认为钏路市内是通往钏路湿原和阿寒湖的关口城市，所以，很多时候也只是“过而不问”，但其实这里也有很多可观之景。由于没有夜间列车，要想在一天之内游览完钏路似乎不太容易，那就在这里悠闲地逛完市内之后直接去钏路湿原吧！

Access 交通

1 从札幌坐JR特级列车需3小时30分钟，坐高速巴士需6个小时。

2 从网走坐JR快速列车需3小时20分钟。

钏路站
釧路駅
釧路パークホテル
钏路格雷斯教会
釧路グレース教会
和商市场
和商市場
钏路中央邮便局
釧路中央郵便局
钏路站前宾馆 海洋
釧路駅前ホテルオーシャン
钏路站前道路宾馆
ホテルルートイン釧路駅前
JR根室本线 JR 根室本線
幸町公园
幸町公園
钏路市儿童游学馆
釧路市こども遊学館
钏路国道 釧路国道
北大通 北大通り
幸町平和公园
幸町平和公園
钏路市役所
釧路市役所
钏路艺术馆
釧路芸術館
花园宾馆钏路
ホテルパコ釧路
钏路渔人码头MOO
フィッシャーマンズワーフMOO
币舞桥
幣舞橋
钏路港
釧路港
钏路川
釧路川
大川町城山通 大川町城山通
桥南干线通 橋南幹線通
钏路乐园
釧路キャッスル
港文馆
港文館
币舞公园
ぬさまい公園
NHK
南大通 南大通り
钏路海滨宾馆
釧路シーサイドホテル
市立钏路小学校
市立釧路小学校
市立城山小学校
市立城山小学校
北海道教育大学钏路分校
北海道教育大学釧路分校
鹤岱武道馆
鶴ヶ岱武道館
鹤岱公园
鶴ヶ岱公園
鹤岱公园通 鶴ヶ岱公園通

钏路格雷斯教会 钏路グレース教会

专用于举行结婚仪式的教堂

钏路格雷斯教会是位于钏路站旁边的教会建筑物。大部分日本人都信奉本民族的固有宗教“神道教”，虽然平日很少有人去教堂，但结婚仪式却常在此举行。颜色清淡的格雷斯教会常被用作结婚礼堂，周末经常能看到在此举办结婚仪式的人。

地址 北海道钏路市北大通14丁目 **位置** 钏路站正前方

钏路市儿童游学馆 钏路市こども遊学館

激发好奇心和创造力的市内儿童乐园

钏路市儿童游学馆是钏路市经营的儿童娱乐教育设施，专为激发儿童好奇心和创造力。该乐园主要由两部分构成，一部分是娱乐城堡，内设4米高的攀岩设施，另一部分是激发儿童好奇心的科学体验馆神秘乐园。游学馆庭院里宽阔的草地和各具特色的雕像，都是供孩子们休息娱乐的最佳场所。

地址 北海道钏路市幸町10-2 **位置** 从钏路站步行8分钟 **电话** 0154-32-0122 **时间** 09:30~17:00（周一闭馆） **门票** 大学生以上590日元，高中生240日元，初中及小学生120日元

钏路 和商市場

北海道的三大市场之一

与札幌的二条市场和函馆的朝市并称为日本的三大市场。钏路濒临太平洋，得益于寒暖流交汇的地理位置，成为日本捕鱼量最大的地方。和商市场位于港口附近，有很多寿司店等餐馆，喜欢吃海鲜的人可以在这里大饱口福了。先买一份米饭，然后依个人口味选择海鲜，就能制成独特风味而又人气超高的盖浇饭——勝手丼（又叫作MY丼）。

地址 北海道钏路市黒金町13-25 **位置** 从钏路站步行3分钟 **电话** 0154-22-3226 **时间** 08:00~18:00（周一休息） **勝手丼价格** 2000~3000日元

钏路艺术馆 釧路芸術館

以收藏品为中心的大型展示馆

该艺术馆既有介绍国内外优秀美术作品的特别展，又有以钏路和根室地区的自然风景为主题的魅力艺术作品收藏展。不仅如此，这里还经常举行各种公演和音乐会，经营着各色画廊和咖啡店。

地址 钏路市幸町4丁目1番5号 **位置** 从钏路站步行10分钟 **电话** 0154-23-2381 **时间** 09:30~17:00（周一闭馆） **门票** 成人600日元，高中生・大学生300日元，中・小学生100日元

钏路渔人码头MOO フィッシャーマンズワーフMOO

钏路最具有代表性的观光休闲设施

钏路渔人码头MOO作为一个城市型观光休闲设施，可以称得上是“雾都”钏路的一张“名片”。因其代表着钏路之梦以及形象化了钏路的象征“雾”的读音“mu（雾）”而得名。这里随处都能看到北海道东部钏路地区和根室地区的特产等旅行纪念品以及各种海鲜料理店。MOO正旁边的EGG是Ever Green Garden的简称，是完全由玻璃构成的温室花园，这里经常会举办一些小型演唱会。

位置 从钏路站步行15分钟 **MOO时间** 10:00~19:00（7~8月 9:00开始） **EGG时间** 06:00~22:00（4~10月），07:00~22:00（11~3月） **门票** 免费

币舞桥 幣舞橋

北海道的三大美丽桥梁之一

币舞桥被公认为是北海道三大美丽桥梁之一。桥的四面各矗立着一座代表春夏秋冬的女神铜像。因雾气的笼罩，日出日落时分，这里会蒙上一层梦幻的色彩。币舞桥位于钏路渔人码头MOO的正旁边，只是规模比较小，可能会让人觉得有些失望。

位置 从钏路站步行15分钟，从钏路渔人码头MOO步行3分钟 **地图标号** 149 226 465*52

港文馆 港文館

港口的文化馆

港文馆取自港口文化馆之意，因其是20世纪著名的诗人、评论家石川啄木曾待过的地方而闻名于世。港文馆是一座建于1908年的红色砖瓦建筑物，它复原了钏路报馆的房屋设计，陈列着港口的各种资料、钏路报社记者石川啄木的亲笔贺年卡以及旧钏路新闻报等。

位置 北海道钏路市大町2-1-12 **位置** 穿过币舞桥步行约5分钟，在钏路渔人码头MOO的对面 **电话** 0154-42-5584 **时间** 10:00~17:00（5~10月 18:00结束） **门票** 免费

日本最大的湿原

钏路市北部的辽阔湿原——钏路湿原是日本最大的湿原。大约在6000年前，此处还是一片汪洋大海，由于海平面的下降，逐渐形成了湿原，之后，各种稀有的昆虫、动植物等在此栖息生长。1935年，此处被列为丹顶鹤自然保护区，1980年签署了国际湿地保护条约《拉姆萨尔公约》，到如今已被列为“钏路湿原国立公园”特别区域，禁止一切开发与利用。到了夏季，整个湿原沉浸在一望无际的绿色中，令人心旷神怡；到了冬季，整个湿原又披上了一层雪白的“婚纱”，一眼望去，美不胜收，但在3~6月份也会有丝丝荒凉之感。

Access 交通

1 钏路湿原站

（细冈瞭望台）

从钏路站乘坐JR列车，用时20分钟左右

2 塘路站（塘路湖）

从钏路站乘坐JR列车，用时32分钟左右

五十石站
五十石駅
茅沼站
茅沼駅
国道 摩周国道
摩周国道
JR钏冈本线 JR 釧網本線
希拉克吐露口湖
シラルトロ湖
塘路站
塘路駅
塘路湖
塘路湖
摩周国道 摩周国道
鹤见台
鶴見台
钏路CC
釧路CC
细冈站
細岡駅
钏路湿原
釧路湿原
钏路湿原站
釧路湿原駅
达古武沼
達古武沼
细冈游客休息室
細岡ビジターズラウンジ
细冈展望台
細岡展望台
钏路市湿原展望台
釧路市湿原展望台
钏路湿原野生生物保护中心
釧路湿原野生生物保護センター
JR钏冈本线 JR 釧網本線
钏路新道 釧路新道
大乐毛站
大楽毛駅
新大乐毛站
新大楽毛駅
新富士站
新富士駅
东钏路站
東釧路駅
钏路站
釧路駅
武佐站
武佐駅
JR根室本线 JR 根室本線
钏路港
釧路港

钏路市湿原展望台 钏路市湿原展望台

风景展望、徒步旅行一步到位，欢乐尽享

在钏路湿原地区旅行，游客往往选择登上展望台俯瞰整个湿原地区。钏路湿原展望台不仅仅是一个简单的展望台，它还是一个资料馆，陈列着与湿原相关的各种资料。除了展望台，这里还有一条用原木铺成的林荫道，只需要一个小时，就能尽享湿原徒步旅行的乐趣。就算是在最没有看点的春天，我们依然可以通过资料馆近距离感受湿原钏路的美景。虽然景区距离钏路市市区不远，但由于从市区到景区的交通线路不多，所以一定要制定好一天之内的行程。

位置 钏路市北斗 6-11 **位置** 距离钏路站15公里，从钏路站乘坐阿寒公交大约需要40分钟（参考p227公交时刻表） **电话** 0154-56-2424 **地图标号** 149 548 538*07 **时间** 08:30~18:00（5~10月），08:00~17:00（11~4月），12.31~1.3闭馆 **门票** 成人470日元，高中生250日元，初中及小学生120日元

鹤见台 鶴見台

丹顶鹤栖息地

钏路湿原最早是作为丹顶鹤的栖息地而受到人们普遍关注的。所谓“鹤见”取自“看见鹤”之意，“鹤见台”名义上是指冬季观看丹顶鹤的展望台，实际上也就只是一个标识牌罢了。如果是包车旅行的话，可以在途中顺便观赏一下此地之景，但完全没必要乘坐大巴专程来此地游览，费时费财，得不偿失。

位置 阿寒郡鹤居村下雪里 **位置** 从钏路站乘坐阿寒公交大约需要55分钟，从湿原展望台站约需15分钟（参考p225公交时刻表） **地图标号** 556 353 114*48 **丹顶鹤观赏时间** 每年11月到次年3月

© JNTO

钏路站—钏路湿原展望台公交时刻表

TRAVEL tip

从钏路站前的公共汽车站乘坐阿寒鹤居线巴士，经过钏路湿原展望台，到达鹤见台。

钏路站	08:40	10:10	13:10	14:40	16:10	鹤见台	–	12:08	14:53	16:28	17:53
湿原展望台	09:34	11:04	14:04	15:34	17:04	湿原展望台	11:00	12:23	15:08	16:43	18:08
鹤见台	09:48	11:18	14:18	15:48	17:18	钏路站	11:37	13:03	15:50	17:23	18:50

※ 红色字体标识的巴士星期六、星期日等公休日停运

※ 根据季节、时节的变化，巴士停运或变更路线的情况时有发生，一定要现场确认巴士时间

钏路湿原列车

环游钏路湿原最方便的方式

通常环游钏路最好最便利的方式就是乘湿原列车。钏路湿原列车有诺罗科号开放式列车和SL蒸汽机式列车两种。

诺罗科号列车从4月末、5月初的旅游黄金周开始运行，一天往返一趟。到6~9月的旅游旺季，一天往返两趟。列车是没有窗户的开放式的，可以让我们全身心地感受到钏路的自然之美。诺罗科号到10月下旬停运，枫叶诺罗科号开始运营。等到2月份冰层融化、浮冰初现时，诺罗科号重新开始运营。这个时候诺罗科号列车和SL冬季湿原号（蒸汽机列车）列车同时运营。诺罗科号列车根据时节变化，路线会有不同，有时是钏路—塘路，有时是钏路—标茶町。因此一定要事先到车站（或在网上）确认具体路线。除了可以乘坐诺罗科号列车和蒸汽机列车之外，还可以乘坐钏路—网走之间的普通列车，中间可以经过钏路湿原站、塘路等地。

时间 依时节变化而定 **车票** 从钏路站到钏路湿原站350日元，从钏路站到唐路站530日元 **主页** www.jrkushiro.jp/shitsugennoro

(©Hokkaido Tourism Organization, © JNTO)

钏路湿原站 釧路湿原駅

用原木建造的玲珑精致的驿站

在距离钏路市内不足20分钟路程的地方，有一座用原木建造的小驿站。它不仅能让你联想到森林中的小木屋，更奇妙的是，还能让你完全感受到湿原情趣。在抵达钏路湿原站之前，透过车窗能看到岩保木水门，这也是钏路湿原的代表性风景。在钏路湿原站步行5分钟就能看到细冈展望台。

位置 从钏路站乘坐JR列车，大约需要20分钟

细冈游客休息室 細岡ビジターズラウンジ

打发候车时间的最佳之地

游览完了细冈展望台，俯瞰了钏路湿原的美景之后，就可以到细冈游客休息室舒舒服服地休息一下了。休息室是用钏路湿原的风景做背景装饰的，备有简单的茶点，很适合打发等待列车的无聊时间。同时休息室还专设一隅，销售钏路湿原以及北海道地区的纪念品。

地址 钏路郡钏路町达古武 **位置** 从钏路湿原站步行5分钟（从细冈展望台沿着林荫道步行5分钟） **地图标号** 149 654 432*60 **时间** 09:00~17:00（4，5月），09:00~18:00（6~9月），09:00~16:00（10，11月），10:00~16:00（12~3月）

细冈展望台 細岡展望台

把钏路江和阿寒山的壮丽风景铺展开来的地方

细冈展望台是位于钏路湿原站不远处的展望台，因其通往钏路市内的交通非常便捷，来此观光的游客络绎不绝。在钏路湿原站沿着树林中的小路徒步10分钟，就能望见在钏路湿原中蜿蜒流动的钏路江以及环抱着钏路湿原的阿寒山。日落时分晚霞的余晖在钏路江上洒下波光银点，仿佛一条绸带落入江中。

整个天空都被这晚霞的余晖镶嵌着，壮丽无比，真是“此景只应天上有，人间能得几回观”啊。

位置 从钏路湿原站步行10分钟左右

细冈站 細岡駅

因冬季的公鱼捕捞活动而闻名

细冈站是位于塘路站和钏路湿原站中间的驿站。梦之丘展望台最近已被列为禁止通行区域，因此交通多有不便。位于钏路湿原最南边的达古武湖就在该站的附近区域，可以从塘路站乘扁舟到达此地。冬季湖水结冰，公鱼捕捞活动便受到人们的广泛喜爱。

位置 从钏路湿原站乘坐JR列车需3分钟，从塘路站乘坐JR列车需8分钟

塘路站 塘路駅

将塘路湖尽收眼底的地方

塘路站是位于钏路湿原的塘路湖和希拉克吐露口湖之间的JR驿站。我们既可以沿着原木铺成的林荫道直接到达湿原中的湖泊，也可以从塘路站沿着林荫道步行一个小时左右到达Sarubo展望台，然后从那里俯瞰整个塘路湖景象。在塘路湖也有诸如划船、骑马等各种贴近自然的项目。这些项目都可以到站旁的咨询台预约，划船时间为两个小时，从塘路站到细川的路线是人气最高的路线。

位置 从钏路湿原站乘坐JR列车需12分钟，从细川站乘坐JR列车需8分钟 **钏路湿原扁舟门票** 2小时7000~9000日元/4小时10000~13000日元

阿寒国立公园

阿寒國立公園

摩周湖、屈斜路湖、阿寒湖的美景

位于北海道东部的钏路和网走之间的阿寒国立公园由摩周湖、屈斜路湖、阿寒湖构成，以其美丽的风景和温泉在北海道地区堪称“重量级”景区。美中不足的是，冬季一到，来这里旅游的交通非常不便，不仅是公共汽车，就连旅游班车也都停止了运行。

Access 交通

1 从钏路乘坐JR列车抵达摩周站大约需要1小时30分钟，到达川汤温泉站约1小时50分钟

2 从纲走站乘坐JR列车，到达川汤温泉大约需要1小时35分钟，到摩周站需1小时55分钟。

JR钏网本线 JR釧網本線
川汤温泉御园宾馆
川湯温泉御園ホテル
川汤生态博物馆中心
川湯エコミュージアムセンター
川汤第一宾馆
川湯第一ホテル
忍冬
忍冬
川汤观光宾馆
川湯観光ホテル
砂汤
砂湯
川汤温泉站
川湯温泉駅
川汤温泉足汤
川湯温泉足湯
屈斜路湖
屈斜路湖
硫黄山
硫黄山·アトサヌプリ
摩周湖
摩周湖
和琴半岛
和琴半島
和琴温泉
和琴温泉
古谭温泉露天风
コタン温泉露天風呂
美留和
美留和
屈斜路古谭阿依努民族博物馆
屈斜路コタンアイヌ民俗資料館
美摩周
美摩周
阿寒
阿寒
鄙之座
鄙の座
阿依努古谭
アイヌコタン
男弟子屈
男弟子屈
矶分内
機分内

阿寒湖 阿寒湖

绿球藻生活的清澈神秘之湖

阿寒湖是在大约1万年之前由雄阿寒岳火山喷发而形成，周长30公里，面积13.3平方公里，湖深最大可达45米。阿寒湖与摩周湖、屈斜路湖一起被指定为阿寒国立公园。阿寒湖上的三个岛之一的忠类岛是生活在阿寒湖中的珍稀藻类——绿球藻的展览中心。冬季一到，由于湖水结冰，从10月到次年4月末游船、快艇都无法运行。但这丝毫不会减少游览的乐趣，游客可以享受到滑冰、机动雪橇等冬季休闲运动带来的乐趣。此外，这里还经常举行烟花盛典等活动。如果在阿寒湖的宾馆、旅馆等住宿的话，还可以开展观星、自然旅行等一系列体验活动。

位置 从钏路站前的公共汽车站乘车，一天三班 **地图标号** 739 342 827 **观星旅行** 晚上8点出发/大约需要1小时30分钟/成人2100日元/在宾馆、旅馆预约 **自然观光旅行** （5~10月）9点，13点出发/大约需2小时/成人3200日元/在宾馆、旅馆预约

钏路—钏路机场—阿寒湖				
钏路站前(釧路駅前)	10:15	11:45	14:50	17:20
钏路机场(釧路空港)	11:00	12:30	15:35	18:05
阿寒湖温泉(阿寒湖温泉)	12:05	13:50	16:40	19:10

阿寒湖—钏路机场—钏路				
阿寒湖温泉(阿寒湖温泉)	7:35	10:25	12:15	16:20
钏路机场(釧路空港)	8:38	11:27	13:35	17:20
钏路站前(釧路駅前)	9:35	12:15	14:25	18:10

* 蓝色标识部分7月1日~10月31日运营

阿寒湖观光汽船 阿寒湖観光汽船

乘船去跟绿球藻约会吧

从5月开始一直到11月，阿寒湖上开始出现各种游船和快艇，游客既可以乘船到忠类岛上散步，又可以去参观绿球藻展览中心。游船只有一条路线，包括绿球藻参观时间的15分钟在内，一共需要85分钟。快艇一天6条路线，让你充分感受到它的速度与激情。

观光汽船（游船）时间 06:00，08:00~17:00整点（运营时间依时节变化而定） **观光汽船（游船）门票** 成人1850日元，儿童960日元 **快艇时间** 07:00~17:00 **快艇门票** 线路不同，所需时间和费用不同（5~45分钟/500~4500日元）

绿球藻 まりも

绿球藻是一种稀有的淡水绿藻类生物，只分布在全世界极少数几个湖泊中，外形呈浑圆球状，群居生活。绿球藻以其美丽的外形和稀有性，1952年被列为特别天然纪念物，成为阿寒湖的独有产物，并开发了丰富多样的纪念品和特色商品。

阿依努村落 アイヌコタン

北海道的传统艺术街

“古谭”一词在北海道土著居民阿依努人的语言中是村子的意思。阿依努村落大约有36洞（相当于中国的街道办事处），居住着大约130人，成为北海道最大的阿依努民族村落。街道两旁的民间工艺品店和食品店鳞次栉比，位于部落中央的恩内齐塞（アイヌシアター イコロ）每天都会上演传统舞蹈和戏剧。

地址 北海道钏路市阿寒町阿寒湖温泉4-7-84 **位置** 阿寒湖温泉街道中心 **电话** 0154-67-2727 **时间** 各商店时间不一 阿依努剧院：11:00，13:00，15:00，16:30，20:00，21:00（公演时间和内容随日期而定）门票 成人1080日元，小学生540日元

雏之座 雛の座

北海道最高级的宾馆之一

雏之座是鹤雅集团在北海道道东地区运营的11个旗舰宾馆度假村之一，与小樽的银鳞庄一道被列为北海道最高级的宾馆。雏之座一共有25间套房，每一间给人的感觉都不一样，而且每间都配有专用温泉。“雏”（ひな）是家乡的意思，意味着宾馆人员用最诚恳的心让每一位来此的顾客都能摆脱喧嚣，找到家乡的自由与惬意。

地址 北海道钏路市阿寒町阿寒湖温泉2-8-1 **位置** 从阿寒湖步行3分钟/从钏路站乘坐免费接送巴士，从札幌坐车（往返5000日元） **电话** 0154-67-5500 **费用** 2人标间1人1晚38000~60000日元

摩周湖 摩周湖

日本最干净的湖，雾霭萦绕，宛若仙境

摩周湖是日本透明度最高的湖，在世界上仅次于俄罗斯的贝加尔湖。蓝天下的摩周湖实属不多见，因常年云雾缭绕，也常被称为“雾湖”。晴天里摩周湖泛起的波光呈现无与伦比的美丽，有“摩周蓝”的美誉。在摩周湖的中央有一个叫作卡姆伊修的小岛，传说，很久之前，在战争中败北的一位部族老人，带着孙子在逃难过程中把孙子弄丢了，疲劳的老人在摩周湖中等着孙子回来，最终幻化成了一座小岛。之后只要有人来到摩周湖，老人都会以为是孙子回来了，总会流下喜悦的眼泪，这眼泪也就化成了摩周湖上的雨雪雾。

位置 ❶ 在JR香川温泉站乘坐屈斜路巴士，到第3展望台下车，用时20分钟 ❷ 在JR摩周站乘坐摩周湖巴士，到第1展望台下车，用时20分钟 ❸ 冬季（12.1~3.31）线路公交（屈斜路巴士、摩周湖巴士）停运 ❹ 从钏路站出发，乘观光大巴（2月中旬~3月末周末及节假日运行）

地图标号 613781430*52（第1展望台），613870689*85（第3展望台）

乘坐巴士到摩周湖

TRAVEL tip

定期线路巴士一般在 4~11 月份运行，12~3 月份停运。定期观光巴士也是从 2 月份才开始运行，所以想在 1 月份去摩周湖只能包车前行，而且气象和道路状况都非常不稳定。因此旅客想去摩周湖的话最好选择在可以乘坐巴士的 7 月中旬到 10 月中旬之间，此时的线路巴士和观光巴士一天能达 10 班，交通非常便利。

定期线路巴士有从JR摩周站始发的摩周湖巴士和从JR香川温泉始发的屈斜路巴士。定期观光巴士既有从钏路站始发的PIRIKA号（ピリカ号，夏季）巴士，途经钏路湿原、摩周湖、屈斜路以及阿寒湖。又有从网走始发的全景旅游路线（阿寒パノラマコース）。最好是根据旅行时间，提前到阿寒公交首页确认时刻表。

阿寒公交首页 www.akanbus.co.jp/sightse/index.html **车票** 成人4,500日元，儿童2,250日元

所需时间9小时	
钏路站前	08:00出发
MOO汽车站	08:05出发
钏路王子酒店	08:06出发
钏路湿原北斗展望台	观览时间10分钟
摩周湖第 1 展望台	观览时间30分钟
硫黄山	观览时间30分钟
川汤温泉	预计11:25到达
屈斜路湖砂汤	观览时间20分钟
摩周站前	预计12:15到达
阿寒湖湖畔	预计13:10到达 观览时间120分钟
钏路机场	预计16:15到达
钏路站前	预计16:55到达
MOO汽车站	预计17:00到达
钏路王子酒店	预计17:00到达

车票		
乘车区间	成人	儿童
钏路→钏路	4,500日元	2,250日元
钏路→钏路机场	4,200日元	2,100日元
钏路→阿寒湖湖畔	3,200日元	1,600日元
钏路→摩周站前	2,500日元	1,250日元
钏路→川汤温泉	2,000日元	1,000日元
川汤温泉→钏路	2,500日元	1,250日元
川汤温泉→钏路机场	2,100日元	1,050日元

- 在阿寒湖湖畔有120分钟自由时间
- 午饭请自行解决
- 根据天气、道路状况，可能产生路线的变更、晚点以及停运等情况

硫黄山 硫黄山·アトサヌプリ

硫黄熏染而成的山

硫黄山是一座活火山，北海道土著居民阿依努人将其称为“アトサヌ富里”，意思是一座童山。温泉的水蒸气如袅袅炊烟不断地从地表升起，而地表更让人感觉仿若来到了火星一般。因为硫黄成分的作用，整座山都被染成了黄色，远远望去，特别显眼。硫黄山虽地处低海拔地带，却生长着高山带的植物，足以证明火山活动给生态系统带来的巨大影响。

位置 从JR川汤温泉站步行20分钟，乘坐公交5分钟（冬季照常运行） **地图标号** 731 713 770*66

川汤温泉站 川湯温泉駅

既有温泉设施又有纪念品商店的地方

JR 川汤温泉站虽然只有一处温泉中心，但是却聚集了大部分的温泉酒店、旅馆以及温泉设施。从温泉站乘公交到温泉中心只需 10 分钟，非常便捷。在温泉街道上有很多精品店，店内既有小巧玲珑的纪念品又有北海道土著居民的传统饰品，各种商品琳琅满目。街道上还有各种可供免费足浴和散步休闲的设施。

位置 从JR川汤温泉站乘坐路线公交约需10分钟（冬季照常运行）

川汤温泉足浴 川湯温泉 足湯

设施良好的硫黄温泉

川汤温泉的温泉水是从硫黄山上流下来的，丰富的泉水为这里提供了天然免费的足浴温泉设施。在川汤温泉站建筑旁有一个室内沐浴场，在结束川汤温泉旅行，踏上列车之前还能在这里再享受最后一次足浴。除此之外，在川汤温泉街道的林荫道旁边，也有一处气氛不错的足浴场所。

位置 在JR川汤温泉站的旁边，从川汤温泉汽车站步行3分钟

川汤生态博物馆中心 川湯エコミュージアムセンター

展示川汤历史文化的国立公园

川汤生态博物馆通过各种展品展示着川汤优美的自然风景，灿烂的历史文化，它作为川汤历史文化的一张“名片”被列为国立公园。它同时还是川汤的一位“导游”，介绍着川汤的各种可观之景。宽阔敞亮的馆内设立着安乐椅和躺椅，是人们结束旅行、休息娱乐的理想选择。散步旅行之前，一定不要忘了来这里取取经，提前获悉一些旅行中的相关信息。

地址 北海道川上郡弟子屈町川汤温泉2-2-6 **位置** JR川汤温泉站旁，从川汤温泉汽车站步行3分钟 **地图标号** 731 802 075*34 **电话** 015-483-4100 **时间** 08:00~17:00（5~10月），09:00~16:00（11~4月），每周三及年终年初闭馆

川汤温泉的旅馆

川汤第一宾馆——忍冬 川湯第一ホテル　忍冬

川汤温泉的代表性旅馆

具有80年历史的忍冬是川汤温泉的代表性旅馆，2006年重新进行修整，又增设了新的馆，露天温泉的贵宾室以及传统的榻榻米客房更是增添了摩登时尚元素。温泉旅行可在当日结束。

位置 在JR川汤温泉站乘公交，约需10分钟 **住宿费** 普通客房10650日元/贵宾室28350日元起 **一天短期温泉** 13:00~20:00 **一天短期温泉费用** 成人800日元

川汤观光宾馆 川湯観光ホテル

观景好的宾馆

晴天时，在川汤观光宾馆一眼就能望见川汤温泉的硫黄山，让你充分享受到远眺带来的别样温泉美景。2009年川汤观光宾馆考虑到顾客的不同需求，将露天温泉分为高温、中温以及低温三层次，让顾客百分之百享受到温泉浴的乐趣。馆内还设有西餐厅供顾客选择。

位置 在JR川汤温泉站乘公交，约需10分钟 **住宿费** 普通客房8650日元 **一天短期温泉** 13:00~21:00 **一天短期温泉费用** 成人700日元

川汤温泉御园宾馆 川湯温泉御園

80年老字号宾馆

川汤温泉御园宾馆是一座拥有80年历史的宾馆，外形简约，室内温泉一次可容纳80余人，露天温泉则是直接引用硫黄山上的温泉水。馆内还设有纪念品店等便利设施。游客既可以选择日本式卧榻客房，又可以选择传统榻榻米客房。

位置 在JR川汤温泉站乘公交，约需10分钟 **住宿费** 普通客房9450日元 **一天短期温泉** 13:00~18:00 **一天短期温泉费用** 成人800日元

屈斜路湖 屈斜路湖

日本最大的火山湖

屈斜路湖周长57公里，面积89平方公里，是日本最大的火山湖。地处深山的摩周湖，只能通过远眺的方式欣赏，但屈斜路湖不同，它地处平地，有丰富多样的海上运动和可观之景。特别是在欣赏湖景时，还能免费享受露天温泉。使人不能不为之驻足啊。

位置 ❶在JR川汤温泉站乘屈斜路公交在砂汤下车，约需40分钟 ❷冬季（12.1.~3.31.）路线巴士停运 ❸在钏路站出发乘坐观光巴士（只在2月中旬~3月末的周末及节假日运行）

砂汤 砂湯

沙滩上的免费露天温泉

乘坐公交到屈斜路湖最先途经的地方就是砂汤。“すな”在日语中是沙子的意思，在屈斜路湖中的沙滩上稍微一挖，就有温泉水冒出。虽然可以在这里享受免费的温泉洗浴，但碍于男女混浴以及完全开放的环境，大部分人还是只进行足浴。游客还可以乘坐鸭子船游览观赏屈斜路湖。

位置 ❶在JR川汤温泉站乘屈斜路公交在砂汤下车，约需40分钟 ❷冬季（12.1.~3.31.）路线巴士停运 ❸在钏路站出发乘坐观光巴士（只在2月中旬~3月末的周末及节假日运行） **地图标号** 638 148 620

古谭温泉露天风呂 コタン温泉　露天風呂

天鹅云集的露天温泉

此地由当地居民自行管理，环境干净整洁。这里设有专门的男女更衣室，游客可以穿着泳衣泡温泉，所以女性游客也可以毫无顾虑。古谭温泉露天风吕的正前方就是湖，因冬季相对温暖，天鹅常云集于此，构成了一道道迷人的风景。

位置 ❶在JR川汤温泉站乘屈斜路公交在砂汤下车，约需47分钟 ❷ 冬季（12.1.~3.31.）路线巴士停运 ❸ 在钏路站出发乘坐观光巴士（只在2月中旬~3月末的周末及节假日运行） **地图标号** 731 521 555*50

和琴温泉 和琴温泉

边观湖景边享受温泉

和琴温泉位于屈斜路湖的和琴半岛上，与古谭温泉一样，游客在这里可以边眺望湖景边享受温泉。和琴温泉比古谭温泉更宽敞，在更衣室和温泉浴场之间还铺着水泥路，来回非常方便。从和琴温泉步行5分钟，就到了露营场，很多人到这里来寻找樟脑。温泉的泉水对于治疗神经痛和运动障碍有卓越的效果。

位置 ❶ 在JR川汤温泉站乘屈斜路公交在砂汤下车，约需75分钟 ❷从砂汤出发到和琴半岛下车，需15分钟 ❸ 冬季（12.1.~3.31.）巴士停运 ❹在钏路站出发乘坐观光巴士（只在2月中旬~3月末的周末及节假日运行） **地图标号** 731 577 202*36

屈斜路古谭阿依努民俗博物馆 屈斜路コタンアイヌ民俗資料館

以宇宙为主题的独特之地

具有独特外观的民俗博物馆位于屈斜路湖的古谭地区，这里是北海道的土著居民阿依努族长期居住之地。此馆以宇宙为主题，在入口处矗立的7根柱子是象征宇宙时间的神圣数字7，里面的31根柱子象征着山和丛林。馆内陈列的资料，展示着阿依努族的生活和文化、屈斜路湖以及钏路一带的自然风景。

地址 弟子屈町字屈斜路市街1条通11番地先 **位置** 从古谭公交车站步行5分钟 **电话** 015-484-2128 **时间** 09:00~17:00（11.1.~4.28 闭馆） **门票** 高中生及以上420日元，初中及小学生280日元

稚内 Wakkanai

稚内

日本最北端的城市

“稚内”这一名称来自阿依努语的“yamu · wakka · nai”，有“冰水流淌”之意。稚内是位于日本最北端的一个边境城市，与俄罗斯的库页岛仅距40公里，经济结构比较稳定，主要靠从俄罗斯进口螃蟹，然后用旅游观光业来获取利润。但近年来，俄罗斯开始限制螃蟹出口，再加之，竞争对手道洞（北海道的东端）的知床被列为世界遗产以及北海道中部的旭山动物园人气的持续火爆，稚内的产业受到了全面的冲击。尽管如此，仅凭位于日本最北端这一天然地理优势，稚内照样能稳坐“魅力之城”的宝座。

路线索引

从札幌坐JR列车

自从 2007 年取消了从札幌通往稚内的夜间列车利尻后，乘坐 JR 列车到稚内旅行就产生了很多不便。现在只有从札幌经由旭川到稚内的超级宗谷 1 号和 3 号（スーパー宗谷 1，3 号）以及神威岬（サロベツ）三趟列车还在运行。单程票价 10370 日元。

札幌出发	07:48	12:37	17:48	稚内出发	07:10	13::45	16:51
旭川到达	09:10	14:10	19:11	旭川到达	10:44	17:33	20:28
旭川出发	09:12	14:12	19:13	旭川出发	10:45	17:34	20:30
稚内到达	12:47	18:11	22:47	札幌到达	12:06	19:08	21:50

从札幌乘长途客车

虽然札幌—稚内区间的列车减少了，但是长途客车却增加了，因此通往稚内的交通情况并没有受到影响。如今，银岭汽车（銀嶺バス）、宗谷汽车（宗谷バス）两家汽车公司在同时运营，单程票价只有6000日元，比乘坐列车更经济。但缺点是无法使用JR乘车证。需要注意的是，汽车不是从札幌站前的汽车站发车而是在市中心的大通公交中心（大通バスセンター）出发。

札幌→稚内	银岭汽车	宗谷汽车	银岭汽车	银岭汽车	银岭汽车	宗谷汽车
大通公交中心	07:04	10:30	13:00	15:00	17:00	23:00
稚内站前	13:25	16:15	18:50	20:50	22:50	
稚内佩利汽车站	13:30	16:20				06:00

札幌→稚内	银岭汽车	宗谷汽车	银岭汽车	银岭汽车	银岭汽车	宗谷汽车
稚内佩利汽车站			11:30	13:00	16:40	
稚内站前	06:30	08:30	11:35	13:05	16:45	23:00
大通公交中心	12:20	14:20	17:20	18:50	22:30	06:00

市内交通

虽然乘坐宗谷汽车的普通路线巴士（从JR稚内站旁的汽车站发车）也可以到达能取岬、宗谷岬等地，但如果只是普通旅行的话，乘坐定期观光巴士更便利、更便宜。如果是3~4名的团体游，乘坐出租车更经济。稚内的定期观光巴士共有3种路线，巴士从稚内站旁的汽车站发车。

路线名称	票价	出发时间	所需时间	观光路线
宗谷岬（稚内A） 宗谷岬(稚内A)	3300日元	08:20出发	约3小时40分钟	稚内公园、能取岬、宗谷岬
宗谷岬和纪念塔（稚内B）	3600日元	14:20出发	约3小时50分钟	能取岬、百年纪念塔、稚内公园、宗谷岬
宗谷探访一日（稚内C） 宗谷探訪一日(稚内C)	7500日元	07:50出发	约7小时30分钟	能取岬、KUTCHARO湖、神威岬原生花园、能取岬、稚内公园

稚内 稚内

风之城——稚内

单单从“冰水流淌之地”（阿依努族）、“风之城”（现代）等别名中，我们就能大体了解到稚内的风景。辖区内随处可见“日本最北”的标签，在稚内站徒步旅行的话可以游览到副港市场、稚内北防波堤、稚内公园等地。想要到稚内旅行的腹地——能取岬、宗谷岬等地，则必须乘坐汽车或出租车。

稚内站 稚内驛

位于日本最北部的站

稚内站是北海道旅客铁道宗谷本线的终点站，是位于日本最北部的站（北纬 45 度 24 分 44 秒）。在这里到处都能看到“最北端”这样的与地理位置有关的字眼儿。稚内站非常小，两个月台只需要用一下就够了，但凭借“位于日本最北端”这个头衔，仍能引得游客纷至沓来。

位置 JR稚内站

副港市场 副港市場

销售新鲜海产品的传统市场

副港市场是一个传统市场，销售各种新鲜的海产品、农产品以及旅行纪念品等。不管是卖牛奶冰激凌的小吃店还是做拉面、海产品料理、俄罗斯料理的餐馆，都充满着古色古香的气息。二层有港之汤露天温泉，在这里可以一边眺望稚内港，一边享受温泉。

位置 从JR稚内站步行约15分钟 **时间** 店铺时间各不相同，一般冬季09:30~18:00，夏季08:00~19:00 **港之汤时间** 10:00~22:00 **港之汤费用** 成人700日元，儿童400日元

北防波堤圆顶 北防波堤ドーム

稚内的象征物

北防波堤圆顶可以称得上是稚内的象征物，它的外形独特，与古罗马的建筑物造型非常相似，是日本各种广告、节目以及电视剧的拍摄地。1930年列车路线也延长到此地。此建筑物高13.6米，全长427米，呈半拱形状，圆顶由70根柱子支撑，主要是为保护连接港口的列车和车辆免受风浪的侵袭而建造。1980年相关单位按原样对此进行了修缮，由此，北防波堤圆顶成了维修工程的象征性建筑物。

位置 从JR稚内站步行约10分钟

稚内公园 稚内公園

将广阔的景致铺展开来的公园

稚内公园位于稚内后面的山丘上，景域辽阔，不仅能将稚内、利尻岛的美丽景致呈现在面前，天好的时候连库页岛的美景都铺展在自己的画卷中。辽阔的公园里，既有纪念碑又有北方纪念馆，可观之景应有尽有。过去，从稚内乘坐缆车到这里非常便捷，现在没有缆车了，乘汽车成了最佳选择。定期观光巴士也会在公园的主要景点处停车，因此也可以乘坐巴士自由旅行。

位置 从稚内站步行约30分钟，乘坐定期观光大巴及路线巴士约10分钟

冰雪之门 氷雪の門

日本人建立的望乡碑

“冰雪之门”是稚内公园的代表性纪念碑。冰雪之门是一部分居住在库页岛的日本人建立的并称之为“望乡碑”。每年 8 月 20 日举行告慰灵魂的祭祀。

位置 稚内公园内

北方纪念馆 北方記念館

稚内的历史

北方纪念馆内陈列的资料，向人们展示着稚内的历史。北方纪念馆是为了纪念稚内开创100年以及实行市制30周年而建，高高耸立的塔让人印象格外深刻。馆内1、2层是展览室，最顶层是展望台，从这里能看到位于日本最北端的稚内的美丽风景。从6月到9月展望台开放时间延长至21点，以方便广大游客观赏稚内的美丽夜景。

位置 稚内公园内，从市内步行约1小时 **时间** 09:00~17:00（6.20.~9.30 21:00闭馆，每周一闭馆，11.1.~4月末闭馆） **门票** 高中生及以上400日元，小学生以上200日元）

能取岬 ノシャップ岬

被波浪摧毁的防波堤

“能取“是指海角像下巴一样凸出的地方，此语来源于北海道土著居民的“ノシャップ”，意为被波浪摧毁的地方。从海豚造型的展望台能眺望到稚内西部的利尻岛和礼文岛，展望台以日落时分晚霞的独特魅力而闻名。展望台旁边红白条纹相间的稚内灯塔高42.7米，成为日本第二高灯塔。因风景秀丽常作为电影中的背景画面出现。

位置 从JR稚内站乘坐公交约15分钟

宗谷岬 宗谷岬

日本最北端的土地

宗谷岬位于东海和太平洋之间，是北海道向北延伸的终点线，位于北纬45度31分22秒，与俄罗斯的库页岛隔海相望，距离不过43公里。这里不仅有以北极星的一部分星芒为主题的建筑物“日本最北端之地”碑，还有旧海军望楼、和平之碑、和平之钟等标志性雕塑。在离宗谷岬不远的地方，有一座祈祷之塔。这里虽然没有太多的可观之景，但因为是“最北端的土地”，游客还是络绎不绝。既然都已经到了稚内，何不到此一游?

位置 从JR稚内站乘坐公交大约需40分钟

嘛里啪啦
北海道的故事

北海道冬有滑雪场，夏有什么呢？

前来欣赏北海道度假村夏日风光的游客与日俱增

北海道地区的大多数度假村都会在冬季迎来旺季，人们纷纷来这里享受滑雪的乐趣。但近来，夏季来度假村的人也渐渐多了起来。人们对于北海道度假村的印象往往是白雪覆盖，于是很多人会想，冬天过去了，积雪融化了，度假村是不是就失去魅力了？如果这么想你可就大错特错了，如果真想尽享北海道度假的乐趣，就一定要选择夏天来。

即使是在盛夏时节，北海道度假村的平均气温也只有20摄氏度左右，清爽宜人。在过去，这些度假村只是富人打高尔夫球的休闲胜地。拥有北海道最大的滑雪场和高尔夫球场的留寿都度假村的海外营业总监崔龙浚（音译）称："来这里旅游的游客，如果包括日本人在内，冬季人数比夏季多，但就外国人的情况来说，夏天游客要比冬天多。特别是最近，打高尔夫球的同时，享受家庭旅游的游客正在逐渐增多。"

北海道留寿都度假村 RUSUTSU Resort

留寿都度假村拥有北海道最大规模的主题公园，仅过山车这一类就有8个娱乐项目，另外还设有游泳馆，泳池长达300米，夏季即使不打高尔夫球也有好多娱乐项目。另外度假村还准备了漂流体验、山地车等活动以及日本正宗料理制作、农场体验等丰富多样的活动，保证让家庭每个成员都满意而归。

游乐场营业期间 4月末~10月末
游乐场营业时间 09:00~17:00（7月末~8月末 20:30结束）
游泳馆营业期间 7月末~8月末（室外），4月末~10月末（室内）
游泳馆营业时间 09:00~16:00（室外），16:00~22:00（室内）
游泳馆门票 包含在游乐场门票中（室外），包含在住宿费中（室内）
※ 没有游泳服租用服务，最好自己提前准备好（商店有售）。

除了留寿都度假村，北海道地区还有好多度假村，在夏天时节不仅可以享受到高尔夫球，还能体验各种各样的娱乐项目。如今一到盛夏，来北海道度假的人越来越多，20摄氏度左右的温度可以让你悠然自得地享受到自然的清凉。

主题旅行

- 日式旅馆之旅
- 浪漫的火车之旅
- 汽车租赁之旅
- 一个人的自行车之旅
- 冬季滑雪之旅
- 在电影和电视剧中邂逅的北海道
- 电视剧《IRIS》的拍摄地
- 享受北海道的祭典

Theme 1

日式旅馆之旅

由于北海道地区八月份的平均气温在19~26摄氏度，因此即使在盛夏依然可以迎面感受到凉爽的风，还可以享受到温泉浴；冬天可以在雪中享受泡温泉，所以北海道地区算得上是一个适于四季进行日式旅馆旅行的好地方，在北海道有很多全国数一数二的温泉旅行地。在选择飞机出行的日程上，相比三天两夜的日程，选择四天三夜以上的日程可以度过悠闲惬意的时光，相比其他的地区，它的机票费用比较高，因此需要我们手头上钱比较宽松。

日式旅馆的故事

日式旅馆是一种日本传统的住宿房屋，它已经超出了单纯的住宿的含义。我们可以通过住宿体验到细腻的日本文化和情感，享用其他的一些住宿房屋无以比拟的独立空间，还可以得到只有日式旅馆才提供的特别服务。这里有各种价位的旅馆，从针对治疗可以长时间住宿且价格合理的日式旅馆，到每天住宿费用10万日元（两人标准）以上的高级旅馆都可以选择。

日式旅馆独家特别服务

一到达日式旅馆，在大厅就会有女将（女将，日式旅馆标志性的女主人）给予真诚的问候，在日式旅馆的时光就这样开始了。办理完入住手续就会有中居（中居，日式旅馆的客房负责人）帮你提着行李带到客房，同时还会向你一一介绍温泉、用餐场所等地方的设施。到达客房简单地帮你整理一下行装之后，为了让你好好地休息，会给你提供日本茶和饼干，根据需要，也可以对客房进行介绍，以及对泡温泉的时候所穿的浴衣穿着方法给予说明。虽然这里只用日语来提供服务，但是我们可以仅仅通过中居的表情和姿势以及热情就可以穿越语言的障碍，从而感受到温馨的照顾。

家庭浴池的使用

在日式旅馆可以享受到以美丽的大自然为背景的露天温泉和针对家庭或者恋人的独立空间家庭浴池。家庭浴池根据地区和日式旅馆的不同称之为家族风吕（家族风吕，家族浴池）或者贷切风吕（贷切风吕，租赁浴池），可以使用四十分钟到一个小时。大部分的日式旅馆都运营着家庭浴池，很多时候住宿旅客可以免费使用家庭浴池，但是如果是收费的情况，那么需要花费1000~2000日元就可以使用，由于这里不会受到任何人的打扰，可以悠闲舒适地享用温泉浴，因此特别受到情侣和新婚夫妇等群体的欢迎。如今有没有家庭浴池成为了选择日式旅馆的一个重要标准。

怀石料理

日式旅馆与普通酒店的最大区别就在于日式旅馆包含着住宿当日的晚餐和第二天的早餐，虽然有的地方也在客房提供日本的传统食物怀石料理，但是近来为了避免用餐后残留下食物的味道，以及为了避免从厨房配送到客房的时间里食物变凉，所以现在不再提供到客房的食物，而是对餐厅或者个别客房提供食物。食物均是使用当地的特产和每个季节散发出最好味道的材料，而且都是精心地盛放在日本传统的漂亮瓷碗中。吃饭的时候简单地搭配上点酒也是非常不错的，有的日式旅馆也提供啤酒、当地特产的清酒、红酒以及香槟。

满载情意的睡铺

如果晚饭之后好好地泡一下温泉或者在庭院里散散步，然后再回客房，那么会发现恍惚之间满载情意的睡铺已经准备好了。有一部分日式旅馆是以它们细致的服务而自豪的，这些日式旅馆为了早上起来找水的人们考虑，也会把水和水杯准备好放到睡铺旁边。在第二天早上只需要暂时离开一会儿的工夫，就会把睡铺给整理好，因此我们可以心情舒畅地开始新的一天。如果在应该准备睡铺的时间你还待在客房，那么职员会求得你的谅解之后再进来。

准备日式旅馆之旅

北海道有许多规模较大的日式旅馆

外国旅客最常去的日式旅馆旅行地就是九州地区的油布温泉。在油布有很多的日式旅馆，客房数量在10~20个，小巧而又淡雅，因此只要提到日式旅馆就会想到它的小巧和淡雅，在日本全境油布的日式旅馆客房规模是最小的。北海道地区的日式旅馆一般都有50间以上的客房，而且有的日式旅馆的客房数量在500~700间，相比于市里的酒店，规模毫不逊色。

日式旅馆之旅的基本花费

虽然和其他的地区相比航空费用比较昂贵，但是除了一部分高级日式旅馆的费用较高，日式旅馆的费用还是比较低的。如果选择入住两人间客房，那么每晚每个人的费用大部分在10000~15000日元，而且即使用餐变更为怀石料理或者发生客房升级追加费用的情况，费用也不会到20000日元。如果选择入住包含正统的怀石料理在内且配备专用温泉的客房，那么我想预算要在30000日元左右。

由于根据季节的不同航空费用的差异是很大的，因此日式旅馆之旅的费用也会有很大的差异。四月末五月初是日本的“黄金周”，此时往返机票相对比较昂贵，而相应的日式旅馆的费用也较高。

选择入住有接送巴士的日式旅馆

当你在准备公共交通并不怎么发达的北海道日式旅馆之旅的时候也应该首先考虑有没有将你载到有日式旅馆的温泉村的交通工具。外国旅客最常去的温泉旅行地就是登别市，登别市日式旅馆中的石水亭和望楼NOGUCHI这两个地方分别在机场和札幌的市里运营着免费接送巴士。当你从机场到登别市，或者办理完日式旅馆的入住手续后从札幌到市里的时候可以非常便利地乘坐接送巴士，相反地在札幌市里的酒店住宿，然后最后一天在登别市留宿，这样也可以到达机场。

定山溪是距离札幌市里最近的温泉旅行地，从定山溪的大部分日式旅馆到札幌市里都有免费接送巴士，而且预约日式旅馆之后可以直接打电话预约接送巴士，如果你对于自己的日语没有自信，那么最好是通过旅行社来预约日式旅馆，连同接送巴士一起进行预约。

各地区日式旅馆推荐

登别

登别距离机场相对比较近，在札幌市里乘坐巴士可以方便地到达登别。在登别有很多规模相对较大的日式旅馆，由于这里拥有治疗效果较好且浓度较高的硫黄温泉，因此这里是很多人聚集的地方，他们在这里长期住宿，进行温泉治疗。

第一滝本馆 第一滝本館

提到登别温泉，我们脑海中浮现的最具有代表性的日式旅馆就是第一滝本馆。第一滝本馆作为登别最早的日式旅馆，不仅具备地理上的优势，位于地狱溪谷的正前方，而且还配备着宽敞的温泉和温泉游泳场，深受家庭游客的欢迎。在登别的日式旅馆中只有第一滝本馆和登别万世阁这两个地方设有游泳场。

石水亭和花良 石水亭花ゆら

石水亭相比于第一滝本馆，价格稍微低一些，而且还在机场和札幌市里运营着免费接送巴士，因此广受游客的欢迎，在这里常常能碰上国内同胞，虽然亲切，但终究少了几分出国旅游的新鲜感，勉强算是石水亭的美中不足之处。虽然会有追加费用，但是最好还是通过用餐升级的方式，选择在单间吃饭，使用收费的家庭温泉。“花良”旅馆在客房配有专用温泉，因此这是一个深受恋人和夫妇喜爱的地方。

望楼NOGUCHI和登别滝乃加 第望楼NOGUCHI登别登别滝乃家

登别最高级的日式旅馆便是“望楼NOGUCHI”和“登别滝乃加”，每人的住宿费用在35000日元以上，而且所有的客房都配备着专用温泉。“望楼NOGUCHI”是不允许小孩住宿的，这里是专门为成人开设的房间，客房里并不是榻榻米，而是以床为基础来布置的。“登别滝乃加”淋漓尽致地展现了日本的传统。

小樽 小樽

在札幌乘坐40分钟火车就到了人气爆棚的旅行地小樽，在小樽的附近也有人气颇高的日式旅馆。特别是它不同于其他的温泉地区，它是一种雅致温馨的风格，并不是针对团体游客，而是以单人游客为对象，因此这是一处向喜欢安静休息的人推荐的地方。只不过和大型的日式旅馆相比，这里的住宿费用相对较高。

银鳞庄 銀鱗荘

在将小樽港尽收眼底的山坡上坐落着银鳞庄。银鳞庄和阿塞湖的“鄙之座”一起被称为北海道最高级的日式旅馆，由于银鳞庄距离札幌比较近，因此很久以来银鳞庄一直被称为北边的迎宾馆。我们可以选择采用最高级食材的怀石料理或者法式料理，而且客房里的啤酒、饮料等都包含在住宿费用里边，是一种海纳百川式的日式旅馆。

宏乐园和藏群 宏楽園 & 蔵群

从札幌到达小樽边缘的位置便是朝里川温泉，在这里有“宏乐园”和“藏群”日式旅馆。宏乐园日式旅馆普通客房的住宿费用每人在20000日元左右，配有温泉的客房住宿费用每人在25000日元左右，这里凭借着以合理的预算进行个人愉悦的日式旅馆之旅而闻名。将仓库建筑进行改造建成的“藏群”日式旅馆住宿费用每人在35000日元左右，是一种高级日式旅馆，凭借着现代氛围和复层结构的独特榻榻米客房而受到欢迎。

定山溪 定山渓

虽然定山溪对于国外的旅客来说认知度并不怎么高，而且除了小溪之外也没有什么可看的地方，但是定山溪是距离札幌市最近的地方。除了夏天的旅行旺季，我们都能够以比较少的费用来体验日式旅馆，而且大部分的日式旅馆都运营着去往札幌市的免费接送巴士。

定山溪万世阁 定山渓万世閣 ホテルミリオーネ

定山溪的代表性日式旅馆就是定山溪万世阁，位于一个可以将定山溪尽收眼底的小山坡上，因此在定山溪万世阁客房观看的风景算得上是最美的，而且它也像万世阁系列的其他日式旅馆一样，配备着游泳场。

翠山亭俱乐部定山 翠山亭倶楽部定山

“翠山亭俱乐部定山”是定山溪温泉最高级的日式旅馆，它所有的客房都配备着专用温泉。这里运营着SPA设施和酒吧等配套设施以及最高级的餐厅，住宿费用平均在35000日元以上。敦贺集团的“度假村森林之歌”运营着北海道的高级日式旅馆和度假村，它也是代表定山溪的高级日式旅馆之一。

洞爷 洞爺

随着2008年G8峰会的召开，我们可以看到以优美的自然环境在世界独树一帜的洞爷湖，还可以尽情地享受温泉浴，而且夏季每天晚上都可以在湖边放烟花。不过由于公共交通的不便，致使来洞爷湖观光的游客主要是组团游客。

万世阁和洞爷太阳宫 萬世閣 & 洞爺サンパレス

洞爷的代表性日式旅馆便是拥有悠久传统的万世阁和洞爷太阳宫。这两个地方的所有客房都可以看到湖水，而且还配备着游泳场，特别是洞爷太阳宫的游泳场因配备着水上乐园标准设施而闻名。

Theme 2

浪漫的火车之旅

日本被誉为铁路的王国，在日本，火车之旅的经历是必不可少的。特别是在广阔的地区分散着许多城市的北海道，连接着这些城市的JR火车就像是沙漠里绿洲般的存在。迄今为止北海道还没有超高速火车新干线，也没有像九州岛一样设计华丽的特级列车，但是北海道那珍藏着过去回忆的蒸汽机车和没有窗户的开放型货物列车都是以美丽的风景为背景的，由此而与众不同。

古典的浪漫蒸汽机车
Steam Locomotive

JR北海道将1949年制造的蒸汽机车还原为观光列车，根据不同的季节蒸汽机车在各种各样的路线中运行着。春季和夏季有从函馆市里运行至大沼的“SL函馆大沼号”，秋季有从札幌经过小樽和余市町以及新雪谷町运行至兰越町的“SL新雪谷号”，冬季有从钏路市运行至川汤温泉的“SL冬季湿原号”，一年四季都在运行着这些路线。蒸汽机车引导的旅客列车也是采用原木来进行室内装修的，以此激发游客的情感，由于列车运行的速度较慢，因此我们可以沿途欣赏美丽的风景，好好地感受列车旅行的浪漫。每年所进行的日程都会有些许的不同，日程公示一般是在两到三个月之前发布，票可以在一个月之前开始在北海道的主要JR站购买。

SL函馆大沼号 SL函館大沼号

运行区间 函馆—五陵郭—大沼公园—森町 **所需时间** 函馆—大沼公园（1小时10分钟），函馆—森町（1小时47分钟） **费用** 函馆—大沼公园1330日元，函馆—森町1730日元 **运行时间** 黄金周（4月末~5月初）期间的每天，7月中旬~8月初的每周六和周日

SL新雪谷号 SLニセコ号

运行区间 札幌—小樽—余市町—新雪谷町—兰越町 **所需时间** 札幌—小樽（1小时27分钟），札幌—新雪谷町（3小时30分钟），札幌—兰越町（3小时56分钟） **费用** 札幌—小樽1440日元，札幌—新雪谷2960日元，札幌—兰越町3290日元 **运行时间** 9月中旬~11月初的每周六和周日以及公休日

SL冬季湿原号 SL冬の湿原号 (SL 후유노 시츠겐고)

运行区间 钏路—钏路湿原站—川汤温泉 **所需时间** 钏路—钏路湿原站（27分钟），钏路—川汤温泉（2小时55分钟） **费用** 札幌—小樽1440日元，札幌—新雪谷町2960日元，札幌—兰越町3290日元 **运行时间** 1月末—3月初的每天

迎面吹来凉爽的风，感受“货物列车”

货物列车以前一直主要在像煤矿这样的地方使用，是一种货物用旅客列车，之后将其改造为观光列车，由于这种观光列车没有窗户，因此游客可以迎着凉爽的风，愉快地享受更接近大自然的列车之旅。北海道的“货物列车”被称为“诺罗科列车”，对于国外游客来说最熟悉的诺罗科列车便是“富良野美瑛诺罗科号”和“钏路湿原诺罗科号”了。

钏路湿原诺罗科号 くしろ湿原ノロッコ号

运行区间 钏路—钏路湿原站—细冈—道之驿 **所需时间** 钏路—钏路湿原站（24分钟），钏路—道之驿（44分钟） **费用** 钏路—钏路湿原站360日元，钏路—道之驿540日元 **运行时间** 5月初~9月末的每天/5月每天往返一次，6~9月每天往返两次

富良野美瑛诺罗科号 富良野美瑛ノロッコ号

运行区间 富良野—薰衣草田站—美瑛 **所需时间** 富良野—薰衣草田站（22分钟），富良野—美瑛（1小时5分钟） **费用** 富良野—薰衣草田站230日元，富良野—美瑛640日元 **运行时间** 6月、9月、10月初的每周六和周日以及公休日，7~8月每天运行/每天两到三次往返运行

从东京和大阪到北海道的特级卧铺列车

日本人在准备北海道之旅的时候，最想做的事情之一便是在东京或者大阪选择乘坐高级夜间列车去往北海道。从大阪出发的曙光号特快列车、从东京出发的仙后座列车和北斗星列车配备着特级酒店以上标准的客房和餐厅以及休息室等，因此它们的费用是普通的夜间列车无法比拟的。曙光号特快列车运行着日本最长的区间，沿着东海驶向札幌，仙后座列车和北斗星列车沿着太平洋行驶，从本州岛的尽头经过海底隧道到达北海道，从大阪到札幌距离是1495公里，需要21小时50分钟，从东京到札幌距离是1214公里，需要16小时，而且从一个月之前就可以开始预订车票了，请在以下网站查询一下空位信息吧。

仙后座列车空位信息 www.jreast.co.jp/cassiopeia/reserve/index.html
北斗星列车空位信息 mobile.jrhokkaido.co.jp/web/vacancy/index.asp?area=6&ch=0

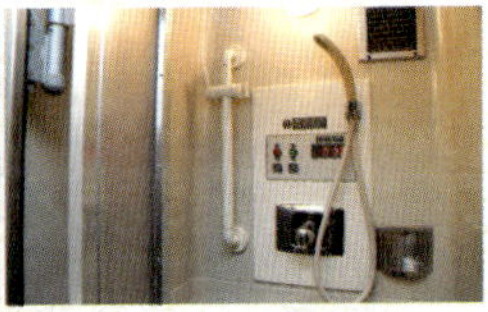

卧铺特级列车的费用是要支付运费（使用列车费用）和特级费用以及卧铺车厢费用的，如果持有日本铁路公司的通票，那么只支付特级费用和卧铺车厢费用就可以了，但是即使除去运费（18440日元），卧铺车厢费用每人仍要支付A级双人床位13730日元，豪华床位17670日元，套间26220日元。如果是独自一人住，那么就要支付两人的费用，特级费用是3060日元。即使有两个人持有日本铁路公司的通票，如果选择单程特级卧铺，那么每个人要追加29280日元的费用。详细的费用请参照如下网站。

仙后座列车运行日程和费用信息 www.jreast.co.jp/cassiopeia/time/index.html
北斗星列车运行日程和费用信息 www.jreast.co.jp/cassiopeia/hokutosei/time.html#a3
曙光号特快列车运行日程和费用信息 www.jwfsh.com/twilight/concept.html

让列车之旅更加愉快的铁路便当

铁路便当的意思就是在火车站卖的盒饭，它为火车之旅增加了更多的乐趣。日本的火车之旅发展得非常好，而且各个列车或者路线以及每一站都销售它们所独特的铁路便当。在 JR 北海道的路线和列车上卖的铁路便当是使用新鲜的食材制作的，并且因此而有名。铁路便当的特征就是非常华丽，以至于使人们都不敢相信这是盒饭，有很多的人在火车站购买后带到家或者酒店去吃，不仅仅是火车站，在火车上也可以向乘务员 twinkle lady（只有 JR 北海道所属的乘务员拥有的专有称号）购买。

北海道的夜间列车

从札幌到网走市的区间“鄂霍次克”，从札幌到稚内市的区间“利尻町”，从札幌到小樽区间的“毬澡”，这都是北海道有代表性的夜间特级列车，由于乘客的减少，这些列车在2008年全部停运。如果选择乘坐夜间列车，那么就可以节省住宿费用，而且晚上可以行进四五个小时的路程，因此这样还可以起到节约时间的作用，不过随着夜间列车的停运，去往道北和道东的旅行相当地受限。除去在前边介绍的高价特级卧铺，现在北海道正在运行的列车只有从本地的青森出发，经过函馆，运行至札幌的“玫瑰号快车”，玫瑰号快车由于铁路通票的缘故不会追加任何费用，而且夜间列车只有玫瑰号快车这一列从函馆—洞爷—登别—札幌区间的列车。

运行日程

22:00	02:52
从札幌出发	到达函馆
00:44	06:07
从函馆出发	到达札幌

★ 虽然从札幌去函馆的时候是有些勉强的，但是如果选择乘坐从函馆去札幌的列车，那么就可以开启无住宿的两日函馆之旅，而且住宿费也减少了，同时还可以观赏到函馆的夜景。

北海道的季节特级列车

为了迎合游客在夏季和冬季集中旅行的需求，有很多的特级列车只是根据季节的不同进行有限地运行。夏天的富良野薰衣草快车和冬季的流冰特级鄂霍茨克都是非常具有代表性的，而且就像“Tomamu SKI Express”和“Niseko SKI Express”特级列车一样，也有前往度假村的列车运行着。只不过，季节特级列车采用的是普通的特级列车，只是名字特别一点而已，目的只是单纯为了迎合游客的需求，为游客提供方便而设置的列车。

摆式列车KIHA281和283系柴油动车组

从札幌出发经过登别和洞爷运行至函馆的“特急北斗号”和“超特级北斗号”是代表着JR北海道的列车，也是国外游客乘坐最多的列车。这两种列车都是kiha281系和kiha283系的柴油机车型号来运行的，而且这两种列车都是采用摆式技术来发挥作用运行的。摆式技术是在曲线区间内列车倾斜，利用原动力使速度不会大幅度降低来运行的，以这项技术为基础将一直以来需要四个小时以上的从札幌到函馆的时间缩减到三小时三十分钟。如果选择乘坐从札幌到函馆区间的列车，那么在曲线区间内你会体验到列车倾斜的感觉，不过列车的倾斜幅度并不怎么大，可以开启一趟舒适惬意的旅行。

Theme 3

汽车租赁之旅

北海道的中心富良野和美瑛、道东的钏路、阿塞湖，以及网走市等地方的公共交通并不怎么发达，如果你想要对这些地方的每一个角落进行一场大自然之旅，那么选择使用汽车租赁是比较好的。虽然驾驶座在相反的一边，会让你感到局促不安，但是大部分的日本驾驶员都能够安全驾驶，而且驾驶礼节也是比较好的，因此只要稍加注意，那么就能够轻松地进行旅行。从汽车租赁之旅的准备到旅行时的注意事项我们来仔细地了解一下吧。

汽车租赁之旅的推荐地

相比全程旅行都一直选择使用汽车租赁，仅仅在需要汽车租赁的那一天选择它是比较好的。札幌市周边和小樽以及函馆这些地方地域并不怎么广阔，使用汽车租赁就足够了，札幌市内的普通通行道路很多，而且停车费用昂贵，因此相比选择使用汽车租赁，选择徒步或者乘坐公共交通比较好。从札幌乘坐列车需四十分钟路程的小樽市也是如此，比较适合进行汽车租赁之旅的行程就是从札幌来往于富良野和美瑛，或者是在像钏路和知床半岛这样公共交通十分受限的道东地区旅游的时候。函馆和道东地区从札幌出发需要五个小时以上的时间，因此相比选择全程利用汽车租赁，选择乘坐列车到当地，然后再使用汽车租赁是比较好的。

汽车租赁之旅的时间

最近在博客和关于旅行的咖啡馆我们会经常看到推荐在冬天进行富良野和美瑛地区的汽车租赁之旅的文章，看到这些推荐文章，我们对于安全隐患也是忧心忡忡。实际上这些地区到了冬天就会有许多观光地和餐厅以及咖啡馆停止营业，而且以日本人为对象的旅行巴士也不再运行。汽车甚至于要在看不到前方的满是积雪的道路上行驶，而且急剧变化的气候也是非常危险的。不仅如此，由于周围几乎没有来往的车辆，因此即使发生小型事故，有的时候也会无法寻求帮助，所以最好避免在冬天进行汽车租赁之旅。

颁发国际驾照

国外的驾照是无法驾驶租赁汽车的，因此如果要计划汽车租赁之旅，那么就申请国际驾照吧。颁发国际驾照之后一年之内有效，因此如果试一试申请国际驾照，那么说不定就会在下次的旅行中用到。

预约汽车租赁的时候需要知道的用语

ETC卡

ETC卡是一种在高速公路收费站通过专用通道的时候，进行付费的电子卡。选择使用汽车租赁的时候收到卡后放到车里边，返还ETC卡时，清算收费站的费用，而且周末和公休日还可以得到打折优惠。预约租赁汽车的时候要确认一下车上是否装载了ETC系统，根据情况的不同也可以选择追加ETC系统。

北海道高速公路ETC卡 Hokkaido Expressway Pass

北海道高速公路ETC卡是一种以外国人为对象发放的高速公路定额储值卡。普通车辆从札幌到旭川的高速公路通行费用是3320日元，到函馆的费用是6010日元，如果选择使用北海道高速公路ETC卡，那么两天之内花费3600日元就可以无限制地在高速公路行驶。在预约汽车租赁的时候必须要进行确认，只有装载了ETC系统的车辆才可以使用北海道高速公路ETC卡，它的使用区间是北海道高速公路的整个区间，详细内容请参照网站。

东日本高速公路网站
www.e-nexco.co.jp/news/hep/k

无钉防滑轮胎 スタッドレスタイヤ

虽然北海道经常是漫天飞雪，但我们却看不到安装着防滑链的车辆，大部分的车辆在冬天都会采用一种防滑轮胎，这是一种防止道路破损和大气污染的防滑轮胎。日语发音是“无钉防滑轮胎”，虽然大部分的车辆都在使用这种轮胎，但是如果在冬天选择使用汽车租赁，那么最好是确认一下汽车是否采用无钉防滑轮胎。

营业损失赔偿NOC

NOC是指万一租赁车辆发生事故、失窃、故障、污染或者损坏等问题，导致租赁车辆需要修理清洗的时候，作为在这期间的赔偿而需要支付的金额。NOC的费用标准一般是如果汽车的状态还能够行驶，那么需要支付20000日元，如果汽车的状态不能够行驶了，那么需要支付50000日元。基本的汽车租赁保险是不包含NOC的，因此为了以防意外事故的发生，最好将NOC保险也追加上，一天大约需要300~500日元。

地图代码MAPCODE

在使用汽车导航仪的时候这是一种非常有用的代码，由九位数字或者十一位数字组成。虽然在使用导航仪的时候用电话号码检索是比较便利的，但是当你去没有电话号码的地方（比如，富良野的树林和山坡这种地方）的时候使用MAPCODE是比较方便的。这本书中也收录了在富良野和美瑛地区以及钏路地区旅行地的MAPCODE信息，在这些地方会经常进行汽车租赁之旅，因此使用MAPCODE来检索吧。

智能手机导航地图

智能手机的导航地图是在使用汽车导航仪的时候作为一种辅助手段来使用的。那么在日本可以将手机导航替代汽车导航仪。如果租用日本4G LTE，那么最多可以十个人同时使用WIFI，这比无限制数据漫游的3G速度更快，可以尽情地享受快速的LTE速度。

固定式视线诱导柱 矢羽根つきポール

这是一种只有在大雪纷纷的北海道公路上才能看到的有箭头符号的标志牌。对于普通家庭轿车的高度，由于积雪厚重会导致分不清哪里是道路，哪里是中央线，这是为了告知道路的位置而设置的。

Theme 4

一个人的自行车之旅

如果说冬季北海道之旅的关键词是滑雪和冰雪节，那么由于凉爽的天气和较低的湿度，夏季北海道之旅最热门的项目就是自行车之旅和徒步远足了，在这个过程中可以尽情欣赏美丽的大自然。自行车之旅有两种方法：一种是选择乘坐列车或者汽车到达目的地，然后租用自行车；一种是将自行车和露营工具都带到日本，然后骑自行车游览北海道整个地区。

▶ 自行车之旅的原稿是由来自大邱的李正勋撰写的，他在2009年7月花费一个月的时间骑自行车游览了北海道的每个角落，并且提供了照片和感悟。你在李正勋的博客（http://blog.naver.com/jung14hoon）里可以看到对历经一个月的北海道自行车之旅进行绘声绘色描述的游记。

租用自行车

因为大部分的城市都可以轻而易举地租用到自行车，所以在日程当中选择一天租用自行车是不错的。进行自行车之旅最好的地方就是薰衣草花绚丽绽放的富良野和美瑛地区，考虑到有的人担心体力不支，也可以选择租用电动自行车。

只不过在小山坡比较多的函馆和看点密密麻麻聚集在一起的札幌以及小樽市很难找到租用自行车的地方，相比自行车，徒步旅行更加便利。

带着自行车去北海道

为了把自行车带到北海道，必须以飞机特殊货物的方式托运。虽然在购买经济舱机票的时候允许行李最高20公斤的重量，但是由于自行车属于特殊行李，因此即使行李没有超过基本重量20公斤，也要追加支付相应的特殊货物费用。不过自行车的体积并不怎么大，在包装的时候箱子三边之和在158厘米以下可以不用支付追加费用，航空行李中心可代行办理自行车包装。如果是个人进行自行车包装，那么将自行车把固定住后利用有一定容积的包或者充气包装使自行车不能再活动，同时要将不允许运进飞机内的工具和链条上的润滑油以及橡胶黏合剂等一起包装起来进行邮寄，在飞机航运中为了应对气压的变化，最好将轮胎的气都放掉。

自行车之旅的必需品

自行车之旅一定要准备基本的修理工具和地图册，如果遇到基本的修理工具不允许携带到飞机上的情况，那么它们就要和自行车一起以行李的方式来邮寄了，而且链条上的润滑油和橡胶黏合剂等易燃物质是不允许带到飞机上的，因此这些东西要在到达日本后到自行车店铺里购买。由于北海道的道路并不怎么复杂，因此只要好好地看着标志牌就可以开启旅程，不过最好还是购买针对自行车游客和摩托车游客的地图册，例如标示着坡路和骑自行车很难前进路线等标志的Touring Mapple和Zeoroen Map。

一边进行自行车之旅，一边定好住处

如果是自行车旅行，那么就要进行最少为期一周的旅程，因此住宿费的负担会较高。选择在“骑士房屋”住宿是比较好的，选择“骑士房屋”住宿不仅可以减轻住宿费用的负担，而且还可以获得自行车旅行的信息。不仅仅在北海道，整个日本地区的骑士房屋都已经成为了摩托车游客和自行车游客的聚集地，如果是自行车爱好者，那么就可以邂逅到拥有相同兴趣和相同关注焦点的日本人，从而增进友谊，还可以进行更深层次的旅行。骑士房屋的住宿费用在1000~2000日元，而且冬天有很多地方并不营业。由于要和许多人一起使用房间，因此必须要注意保管好随身物品，而且还要注意不要冒犯他人。

Theme 5

冬季滑雪之旅

在北海道的冬季之旅中不可或缺的便是滑雪旅行。北海道滑雪之旅的关键词就是“粉末雪”和“温泉设施”，“粉末雪”的雪花不仅不会凝聚在一起，而且就像粉末一般温柔洒落，而“温泉设施”是与滑雪场在一个地方的。在被柔软的雪花覆盖的滑雪道上，不管你怎么摔都不会感到疼痛，而且滑雪之后的疲劳可以在天然温泉中得到释放。由于仅在北海道就有一百多个滑雪场，因此大家选择的范围比较大，而且滑雪场也不会有熙熙攘攘的人群，这也是北海道滑雪之旅的魅力所在。

准备滑雪旅行

虽然众所周知在北海道可以尽情滑雪的时间是11月末到5月初，但是如果想要畅快淋漓地滑雪，那么最好将行程定在12月中旬到4月中旬。你可以通过国内旅行社选择滑雪套餐，还可以在当地仅仅预约滑雪场。

如果你不会日语，那么在当地预约滑雪场是比较困难的，因此很多人都是选择使用滑雪套餐。滑雪套餐的优点是包含了从机场到滑雪度假村的往返接送和用餐等，不过它的缺点是由于不能变更行程，导致札幌和小樽等其他观光地不能一同游览。

北海道的代表性滑雪场

留寿都度假村 ルスツリゾート

留寿都度假村是北海道规模最大的滑雪度假村。37条路线总滑行距离达到42公里，这些初级和中级以及高级的路线恰当地形成了一种平衡，这里配备着狗拉雪橇和冰橇以及雪道速降，还有主题公园设施等，因此受到家庭旅行的极大热捧，而且酒店还配备着温泉和购物中心以及高级餐厅等附属设施，还有针对家庭旅客的复层结构客房。不仅如此在札幌的新千岁机场和札幌市里运行着穿梭巴士，穿梭巴士和缆车券可以一起优惠打折，因此可以进行当天结束的滑雪之旅。

位置 在札幌市或者新千岁机场乘坐穿梭巴士大约需要90分钟（单程2000日元） **旺季** 11月末~4月初 **费用** 缆车4小时3800日元/6小时4300日元/一日券5100日元/从札幌市里出发的往返穿梭巴士+缆车6小时5000日元 **网站** www.rusutsu.co.jp

富良野滑雪场 富良野スキー場

富良野滑雪场是道北地区的代表性滑雪场，直到5月初都可以在这里尽情地滑雪。富良野滑雪场是由“富良野地带”和“北方的海岬地带”组成的，“北方的海岬地带”有着丰富多样的路线；“富良野地带”聚集了路线总长在3000米以上的长期路线。富良野滑雪场很长一段时间被选用为国际滑雪联盟（FIS）的高山滑雪世界杯举办地，连续四届大赛代表日本滑雪国家队首发出场的木村公宣接任了富良野滑雪学院的校长职位。

位置 从JR札幌站到富良野站乘坐火车大约需要80分钟（单程3520日元）/在富良野站打车需要十分钟（大约1000日元） **旺季** 11月末~5月初 **费用** 缆车2小时2000日元/4小时3000日元/一日券4200日元 **网站** ski.princehotels.co.jp/furano

Tomamu度假村 トマムリゾート

Tomamu度假村是围绕在雄伟的肥后山脉周围的一家度假村，位于内陆，因此我们可以在粉末状雪花中尽情地享受滑雪。这里有17条路线，其中有四条路线是针对最高级别滑雪者而设置的，在这四条路线上也可以挑战任何人都没有尝试过的滑道直升机之旅，还有日本最高级别VIZ SPA（VIZスパ），不仅受到滑雪爱好者的欢迎，还受到小孩和女性的极大喜爱。日本著名的建筑师安藤忠雄设计的“水之教会”是情侣和新婚夫妇拍摄纪念照的地方，并由此而闻名。

位置 从JR札幌站到Tomamu站大约需要80分钟（单程4480日元），从新千岁机场出发大约需要60分钟（3340日元），从Tomamu站出发乘坐穿梭巴士需要5分钟（免费） **旺季** 12月初~4月中旬 **费用** 缆车4小时3600日元/一日券4800日元/VIZ SPA2500日元 **网站** www.snowtomamu.jp

Kiroro 度假村 キロロリゾート

Kiroro度假村是新婚游客非常偏爱的高级度假村，由于距离小樽市里很近，因此可以同时尽情地享受滑雪和市内游览。如果乘坐缆车上去，那么不止会看到山，大海和小樽市里的美丽景象交相辉映，也映入眼帘。Kiroro度假村是由总共21条路线构成的，可以满足初级者和中级者以及高级者所有人的需求。而且可以有时间去札幌市里和小樽市里使滑雪活动当天可以结束，同时往返巴士和缆车券都在打折销售。

位置 在小樽站乘坐汽车大约需要45分钟（单程880日元），在札幌乘坐汽车大约需要90分钟（单程1400日元） **旺季** 11月末~5月初 **费用** 缆车5小时3900日元/一日券5000日元/从札幌市里出发往返穿梭巴士+缆车5小时5000日元 **网站** www.kiroro.co.jp

手稻滑雪场 サッポロテイネ

手稻滑雪场距离札幌市里大约需要40分钟的车程，适合一日游行程，因此选择在札幌市里住宿，当天结束手稻滑雪场的日程是比较好的。虽然总共15条

路线的数量并不怎么多，但是最长的滑行距离6000米使它在札幌市里附近的滑雪场中独占鳌头。通过个别自由旅行专业旅行社可以以非常低的价格预约到酒店和往返滑雪场的接送巴士以及缆车券。

位置 从札幌市里出发选择乘坐汽车大约需要花费50分钟 **旺季** 11月末~4月初 **费用** 缆车4小时3500日元/一日券4800日元 **网站** www.sapporo-teine.com

Theme 6

在电影和电视剧中邂逅的北海道

在做旅行准备的同时观看关于旅行地的电影和电视剧也是一件必不可少的事情。在电影或者电视剧中邂逅的旅行地会留在你的心里，而不是脑海里，所以如果要置身其中，那么自然而然地就会将电影中主人公的感情嫁接在自己身上，还会感受到旅行的那份与众不同的妙趣。北海道凭借它美丽的自然景色成为电影和电视剧以及CF的拍摄地，并由此受到极大的欢迎，由于北海道距离东京和大阪等地比较远，因此对于日本人来说也会体会到如同异国风貌般的感觉。

情书 Love Letter

电影《情书》的拍摄地就是小樽，凭借“你好”这句台词而大受追捧。距离札幌市40分钟路程的小樽除了是《情书》的拍摄地，也是一个看点十足、美食丰富的地方，因此小樽是旅行中最常来的地方。在小樽站下车，再从左边上去，那么从在电影的第一个场面中出现的山坡路开始，可以一一环视《情书》的拍摄地了。被利用为藤井树曾经去过的医院的小樽市政府，被利用为图书馆的旧日本邮船小樽支店等，我们可以看到这些曾经增加了电影氛围的满载着小樽历史的建筑。虽然曾经在电影中出现的房屋也是很多人一直去寻访的地方，但是很可惜这些房屋在2007年的火灾中焚毁了。

制作 1995年
导演 岩井俊二
主演 中山美惠，豊川悦司

八板桥

交叉路

旧日本邮船小樽支店

北国之恋 北の国から

如果你向日本人询问在北海道拍摄的电影或者电视剧，那么他们会毫不犹豫地告诉你《北国之恋》。虽然这部电视剧在国外并不怎么被熟知，但是1981年在日本第一次播放后直到2002年又制作了很多系列，是一部很有人气的电视剧。《北国之恋》的拍摄地就是富良野市，富良野成为人气颇高的观光地这部电视剧功不可没，富良野也准备了能够环视电视剧拍摄地的旅游项目，而且还在富良野站的旁边设立了《北国之恋》纪念馆，准备了丰富多样的资料。

制作 1981～2002年
出演 杉田成道，山田良明等
主演 田中邦卫，吉冈秀隆，中岛朋子，竹下景子

富良野站正前方的《北国之恋》的资料馆

主人公阿纯的家

铁道员 鉄道員：ぽっぽや

制作 1999年
导演 降旗康男
主演 高仓健，广末凉子

电影《铁道员》凭借着银装素裹的美丽画面和娓娓道来的故事情节而受到大众的喜爱，在《铁道员》中一个叫作幌舞的假想车站登场了，幌舞站的拍摄是在北海道的根室本线几寅站制作完成的。几寅站是一个乘客少之又少的乡村站，这里至今还原封不动地保留着拍摄电影时候的面貌，因此为数不少的观光游客都来到这里游览。虽然距离札幌大约有三个小时的路程，不太方便前往，但是美丽的窗外风景一览无余，因此喜欢列车旅行的人们都非常乐于享受电影和列车两种主题的旅游。

温柔时光 優しい時間

制作 2005年
出演 中村敏夫
主演 寺尾聪，二宫和也，长泽雅美

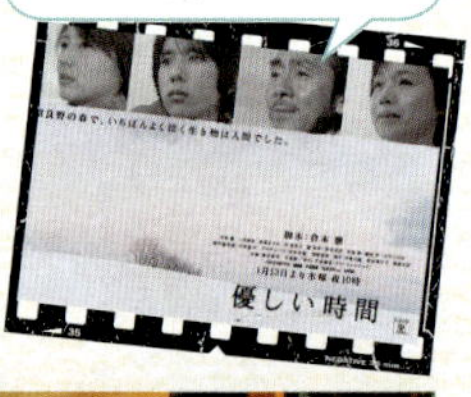

电视剧《温柔时光》和《北国之恋》一样介绍了富良野美丽的风景，这部电视剧是由男性偶像组合岚的成员二宫和也和人气女演员长泽雅美出演的，由此而获得极高的人气。这部电视剧的主要舞台“森林的时钟”咖啡馆在电视剧播出之后就直接在王子酒店开始了运营，在富良野除了森林的时钟咖啡馆，还可以观看富良野神社等出现在《温柔时光》中的拍摄地。

《温柔时光》的主要舞台“森林的时钟”

Theme 7

电视剧《IRIS》的拍摄地

在电视剧《IRIS》中主人公金贤俊（李秉宪饰演）和崔胜熙（金泰熙饰演）的蜜月旅行放映之后，皑皑白雪中乐享温泉的场景使很多人想起了雪之国北海道。不过这个地方是一个被称为乳头温泉乡的温泉小镇，位于日本本土（本州岛）北部地区的秋田县，而且留下了著名台词“我不相信传说这些东西”的湖水也是在秋田县的田沢湖拍摄的，因此来秋田县观光旅游的游客急速增长。秋田县整体面积的70%是山林，美丽灵秀的自然景观让它引以为傲，而且这里也是农业和工矿业非常发达的地区，特别还是日本首屈一指的秋田大米产地，还有秋田大米和清澈的水所酿造出来的酒也是秋田县的特产。

追随着《IRIS》去旅行

虽然大部分的套餐旅行都会寻访《IRIS》的拍摄地，但是相比观看很多的东西，如果你要将重点放在尽情地享受温泉和休养生息上面，那么我推荐你进行自由旅行。从机场到乳头温泉运营着安全舒适的面包出租车和机场班车，温泉巡礼手册等（1500日元）可以指导利用乳头温泉小镇的七个温泉，这极大地展现了自由旅行的魅力。

电视剧中的鹤之汤温泉和现实中的鹤之汤温泉

《IRIS》的拍摄地鹤之汤温泉是乳头温泉小镇的七个日式旅馆之一，鹤之汤温泉的含义就是白鹤的温泉，从江户时代开始延续着悠久的历史。由于鹤之汤温泉是日本的高级住宿旅馆，因此如果觉得住宿费用高，那么只要交500日元的洗浴费，时间是从上午10点开始到下午3点，然后就可以尽情地享受露天温泉了。不过周一由于设施的检修，露天温泉的使用会受到限制，电视剧播放以后韩国、中国和中国台湾地区以及日本的韩流粉丝都蜂拥而至来到鹤之汤温泉，但是大部分的套餐旅行都是短暂地游览，如果想要在这个地方住宿，那么最好是准备单独旅行。这里并不是单纯泡温泉，一闪而过，而是只有在可以窥探到日本传统的日式旅馆中留宿的同时自由地享受温泉才会体会到电视剧中主人公般的感觉。

鹤之汤温泉是以男女共用浴池的形式运营的，但是男女均有单独的更衣室和露天温泉，因此不会出现电视剧中让人为之一惊的情况。电视剧播放后光顾男女共用浴池的年轻女性大幅增长，温泉水并不是透明的，而是乳白色的，所以只要在入浴前后稍加注意就不会有很大的负担。因为是公共电视广播，所以可能不允许播放男女混合洗澡的场面，用主人公穿着浴衣一起足浴的场景进行代替，实际上冬季的鹤之汤温泉由于寒冷而不泡温泉只是足浴从现实的角度来看是不可能的。

乳头温泉小镇的官方网站 www.nyuto-onsenkyo.com
鹤之汤温泉的住宿费用 8400~15750日元
鹤之汤温泉的位置 在秋田机场乘坐机场巴士，大约需要花费两个小时（3400日元）

虽然不相信传说，但依然感到美好

电视剧中的著名台词“我不相信传说这些东西”和让众多电视观众感到好奇的田沢湖的传说是什么呢？关于田沢湖有两种传说，一种是丹辰子听说喝了这个湖的水的女人会变成绝世美女，在想要变为美女的欲望驱使下她喝了很多湖水，但最终没有变成一个美人，而是变成了一条龙，因此她对自己感到悲观不已，于是跳进湖中自杀了。这是为了告诫我们过分的欲望会伤害自己，在湖水边还竖立了金色的丹辰子铜像。

另一种版本是在田沢湖周边的两个湖水里生活着一条雄龙和一条雌龙，到了冬天它们就会在景色优美的田沢湖谈情说爱，因此即使到了寒冷的冬天田沢湖也不会结冰。

Theme 8

享受北海道的祭典

为了愉快地度过漫长的冬季而开始举办的札幌冰雪节如今吸引了众多的游客来到北海道，且使其成为世界性的祭典。包含札幌的冰雪节在内的北海道大部分的祭典并不是以历史和文化以及传统的东西为主题的祭典，而是以雪和温泉以及雾气为主题的祭典，因此更加趣味丛生。不过由于冰雪节期间会有很多的观光游客聚集在这里，因此最好在几个月之前就预订好酒店。

札幌冰雪节 さっぽろ雪まつり

札幌冰雪节是一种代表了日本的祭典，它和巴西的“里约狂欢节”以及德国的“啤酒节”一起被指定为世界三大庆典。据说在为期一周的祭典期间会有超过200万名的游客来观看，札幌市中心的大通公园会场被选定为主会场，在这里设置了让你无法想象的40米宽的雪雕。在举办祭典一个月之前就开始制作雪雕，在祭典开始前的几天来旅行也可以看到很多的雪雕。不过如果祭典结束，那么出于安全等问题的考虑，第二天雪雕就会顷刻间倒塌。

在距离大通公园的主会场比较近的薄野会场展示着冰雕，并且将这个冰雕命名为“薄野冰雕祭典”，这不同于大通公园的雪雕，在这里你会邂逅更加细致华丽的冰雕作品。在市里乘坐地铁才能到达的Tsu Dome会场不同于以展示为主的大通会场和薄野会场，这里是可以看演出或者可以在雪雕上玩耍的体验型会场，因此我在这里推荐给有孩子的家庭。

与札幌冰雪节差不多的时间会在旭川举办展示雪雕和冰雕的旭川冬季祭典，因此如果你想要在二月份来北海道旅游，那么就把两个祭典中的一个地方安排到游览的日程中吧。

时间 2月第一周或者第二周，为期七天 **网站** www.snowfes.com

八達門

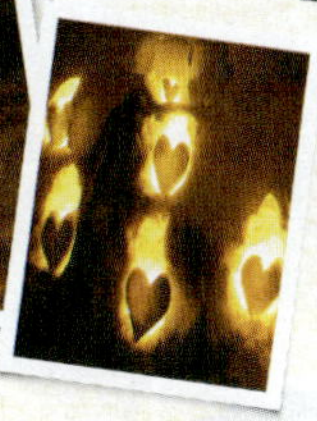

小樽雪灯之路 小樽雪あかりの路

小樽雪灯之路是和札幌冰雪节在同一时间于小樽举办的祭典。

虽然小樽雪灯之路并不像札幌一样竖立着巨大的雪雕，但是这就如同祭典的名字一般，雪花和美丽的灯光以及烛光交相辉映，演绎出一种浪漫的氛围。虽然没有举办特别的活动，但是运河上烛火闪烁，在手宫线迹和境町通商业街周围淡雅的雪雕和灯火展示出来的风景可以说是小樽之旅的一道亮丽风景线。如果是恋人和夫妇的旅行，那么相比札幌冰雪节，到这里来游览会更加愉快。

时间 二月的第一周或者第二周，为期七天 网站 www.yukiakarinomichi.org

夜来索朗祭（Yosakoi索朗祭） YOSAKOIソーラン祭

每年六月上旬在札幌市里举办的夜来索朗祭就像高知县的夜来祭一般，北海道大学的学生都希望也能在札幌举办这规模盛大的祭典，于是将被称为索朗祭的北海道民谣和夜来祭的元素融合起来，就这样开始了夜来索朗祭。虽然1992年的第一届祭典是一种小规模的祭典，十队（1000多人）参加人员吸引了大约20万名游客，但是现在有一百多个队伍参加，吸引200万游客来观看，成为了一大盛典。连续五天的时间札幌市里到处萦绕着令人兴奋的音乐和华丽的集体舞，在祭典的最后一天举行从参赛队伍中选出最终胜者的决赛。

时间 六月的第一周或者第二周，为期五天 **网站** www.yosakoi-soran.jp

钏路的雾节和港口祭

くしろ霧フェスティバル&くしろ港まつり

这是每年的七月末和八月初会在被神秘的雾气覆盖萦绕的港口城市钏路举行的祭典。港口祭是为了祈愿捕捞大丰收和海上安全举行的祭典，作为拥有大约60年历史的钏路传统祭典会举行华丽的游行。雾节里的激光表演是一个压轴节目，在雾气中光线华丽闪烁地绽放。虽然有的时候两个祭典会同时举行，但是一般来说七月末的雾节之后，港口祭会紧随其后举办。

时间 七月的最后一周和八月的第一周，各为期三天

网站 kirifestival.jp/index.html

登别地狱祭 登別地獄まつり

登别地狱祭是在北海道人气最高的温泉地登别市于八月末举办的祭典。由于这是在登别温泉胜地地狱小溪举办的祭典，因此起名为地狱祭，看到地狱的象征物鬼怪那是理所当然的了，特别是也要拜祭阎罗王。如果庆典结束，那么阎罗王就会回到在温泉街道备好的祠堂阎魔堂。

时间 八月最后一周周末

かげさまで 登
開湯150

太鼓

鬼

31
30
21

旅行资讯

旅行准备

中国公民在前往日本之时，须持由中华人民共和国公安部颁发的有效护照，去中国国内的日本大使馆、总领事馆等办理签证申请。团体旅游的签证可通过报名参团的旅行社向日本大使馆、总领事馆等提出申请，个人旅游则要通过日本驻华大使馆、日本驻上海总领事馆、日本驻广州总领事馆所指定的旅行社报名。

申请资格：目前全国所有地区的公民都可以申请团体和个人赴日旅游。

所需材料：

1. 有效期剩余6个月以上，空白页2页以上的中华人民共和国个人护照。
2. 2寸白底照片4张。
3. 身份证原件及复印件、户口本原件及全本复印件。
4. 在职证明或学校证明或离退休证明原件两份。（就职于私企的需要另外提交单位营业执照副本复印件）
5. 收入证明、银行流水以及财产证明。
6. 至少5万元人民币的抵押保证金。

停留时间最长15天

所需费用550元人民币（含个人旅游邀请函费用）

准备机票

购买机票的时候最好是有充裕的时间来预订。在游客蜂拥而来的旅游旺季（周末和公休日，6月20日~8月20日，12月20日~2月20日）应该在两到三个月之前就预订机票。在购买机票的时候首先和办理优惠机票的旅行社的费用对比一下，然后再购买，而且每个旅行社都有将往返机票和住宿包含在内的背包旅行商品套餐，因此好好对比价格再购买吧。不过根据机票有效时间的不同会有不同的制约条件，所以一定要确认相关事项（例如：指定座位，不可变更出发日期，不可变更返程日期等）。

E-Ticket（电子机票）

如果在旅行社或者航空公司购买机票，那么就会收到通过邮件或者传真得到的E-Ticket单据，这个单据就是我们经常说的电子机票，如果收到电子机票，那么首先要确认乘客的名字是否和护照上的英文名字拼写一致。如果由于本人或者旅行社或者航空公司的失误导致英文名字拼写出现错误，那么就不可以搭乘飞机，再次确认一下出发日期和出发时间也是至关重要的。

电子机票并没有指定飞机上的座位，在机场凭借指定座号的登机牌（Boarding Pass）来换取机票。你还可以通过所有航空公司的网站事先指定座位，因此如果你有喜欢的座位，那么最好事先申请。

预约住宿

在准备旅行日程的时候最重要的是住宿的位置和交通的便利性。相比留宿在一个城市的停留型旅行，在进行城市之间来往比较频繁的札幌之旅的时候最重要的是预订酒店。

从札幌到小樽、登别、洞爷和旭川以及富良野的距离是可以进行从札幌出发的当天就结束的旅程的。不过如果你是一个喜欢洞悉到更深层次东西的旅行者，那么最好是在旅行地住宿，或许当你制定旅行日程的时候要考虑到有时每天都要更换酒店，在这种情况下每天晚上都要打开行李，每天早上还要打包行李，有一种不断反复的烦琐，而且酒店的退房时间是十点，入住时间是下午三点，因此也要考虑到产生的少许空档时间。

北海道的酒店根据不同的季节和不同的时期费用的变动是很大的，在旅行淡季冬天除去冰雪节期间（二月的第二周），即使是特级酒店，有的时候也能够以其他地区的商务房或者标准间酒店的费用住宿，因此请确认一下是不是有适用于淡季的特价酒店吧。

现金兑换和信用卡的使用

虽然相比现金，换取旅行支票可以获得更低的汇率，但是在短暂的旅行中为了将旅行支票换成现金而去银行的时间也是很宝贵的，由于银行平时的营业时间是9点到15点，因此做到时间上的契合也不是一件容易的事。

如果在兑换的时候通过旅行社或者网络使用兑换打折优惠券，那么就会省去手续费用，虽然在机场也可以兑换，但是机场银行的汇率比市里银行的汇率要高，因此最好事先兑换。由于很多时候日本餐馆不允许使用信用卡，因此最好是兑换到充足的现金，除去住宿费用，再算上市里交通费用和用餐费用以及零食费用，一般需要3000~5000日元。

如果在当地现金不足，那么也是可以使用信用卡获得现金服务的，在遍及日本全境的7-11便利店和邮局的自动取款机上可以使用海外信用卡，如果是7-11便利店，那么24小时都是可以使用的。为此必须要确认一下信用卡是不是允许海外使用，而且必须要了解密码是四位数。

除了7-11便利店和邮局之外，在国际航线航空和城市银行的自动取款机上都是可以获得信用卡现金服务的，而且大部分的自动取款机都是英语服务。

整理旅行行囊

虽然在机场托运的行李最重是20公斤，但是机舱内携带的东西不能超过20升或者10公斤。出于航空安保的考虑，是不允许随身携带单瓶100毫升以上的液体进入座舱内的，因此一定要以行李的形式邮寄。即使是100毫升以下的液体，那也必须要放在拉链塑料袋内，而且总量不能超过1000毫升，如果在免税店购买了化妆品或者酒类，那么只有盛放在有标示的塑料包装纸里才可以，只有这样才能够携带到机舱内，当返回国内的时候一定要以行李的形式邮寄，因此要注意不要打碎瓶子。在打包旅行行囊的时候就只放上必需品吧，为了应对在旅行地走很多路，要准备合脚舒服的鞋子，如果是夏天，最好也准备简便的拖鞋或者凉鞋。由于冬天衣服的体积比较大，因此最好是多准备几件单薄的衣服，在酒店也不要忘记打开行李（或者将行李寄存在投币柜），不要忘记准备便于携带的小包。

从日本国内去往北海道

在日本乘坐航班去北海道

从东京和大阪等日本国内出发去往北海道的航班很多时候比在国内购买取道航班更昂贵。

在劳务旅游和留学中如果是去往北海道旅行最好选择日本的低价航空或者地方航空公司，如果是北海道的地方航空公司Air Do，那么目前的航班有从札幌到钏路和网走市等北海道道北与道东的城市，而在札幌乘坐火车或者汽车也需要花费四到六个小时的时间才能到达这些地方，因此这给予想要在短暂的时间里观看很多东西的游客提供了便利。

Air Do航空公司网站 www.airdo.jp
天马航空（Sky Mark）网站 www.skymark.co.jp

在日本乘坐火车去北海道

在日本国内不只是航班，选择乘坐火车也能到达北海道，如果你持有日本铁路公司（JR）的通票，那么就可以进行从东京和大阪等地出发到北海道的火车之旅，选择乘坐新干线（高速列车）到达青森（大约需要 200 分钟，17150 日元）之后，在青森经过海底隧道青函隧道到达北海道的函馆（大约需要 110 分钟，4970 日元）。从青森出发经由函馆运行至札幌的急行玫瑰号列车设有可以舒适地躺着的咖啡间，JR 火车通票持有者不用追缴费用就可以使用，除了急行玫瑰号列车还有从东京出发的卧铺特急列车北斗星号列车和仙后座号列车以及从大阪出发的曙光号列车。

在北海道有效的火车通票

在火车来往比较频繁的北海道使用JR通票是必需的，如果你要使用在日本全境适用的JR通票，那么就可以环游北海道和本州岛的东京以及大阪等日本全境一周了。

如果只是要游览北海道，那么使用JR北海道发行的北海道火车通票进行游览效率会更高。

北海道火车通票 北海道レールパス, Hokkaido Rail Pass

针对来北海道观光的外国游客所发行的火车通票使游客在北海道内的所有JR路线都可以随意上下车，由于只有持有短期逗留观光签证的外国人才可以使用，因此当地留学生是不允许使用这种通票的。通票的种类分为三天券、四天券、五天券、七天券，这与连续通票三天券和五天券以及七天券是截然不同的，四天券是从通票兑换日开始在十日之内从你希望的日期当中选择四天使用。

通票种类	等级	成人费用	儿童费用
连续三天（3Days）	普通车（Ordinary）	15430日元	7710日元
	一等车（Green Car）	22110日元	11050日元
机动四天（Flexible 4 Days）	普通车（Ordinary）	20060日元	10030日元
	一等车（Green Car）	27770日元	13880日元
连续五天（5Days）	普通车（Ordinary）	20060日元	10030日元
	一等车（Green Car）	27770日元	13880日元
连续七天（7Days）	普通车（Ordinary）	22630日元	11310日元
	一等车（Green Car）	30860日元	15430日元

允许使用范围

- JR北海道所有列车路线的特急和急行的自由席位与指定席位
- JR北海道汽车（除去札幌—旭川，札幌—纹别，札幌—带广市，札幌—Kiroro，札幌—襟裳·广尾町以及不定期路线）

购买方法

- 在本国的旅行社购买兑换券以后在日本兑换或者在日本当地购买。
- 札幌、旭川、函馆、钏路、带广市、网走等JR旅行中心（Twinkle Plaza）。
- 可以在JR札幌站西边的出入口和新千岁机场站的旅行咨询处兑换或者购买。

如果不是往返在札幌到函馆区间的日程，或者来往在钏路和网走等道东地区的日程，那么收回北海道火车通票本钱的困难是你无法想象的。如果是打算只来往在以札幌为中心的小樽、登别、富良野和美瑛地区，那么最好不要购买通票。

JR北海道劳务旅游通票

火车通票是针对在日本停留一年的时间，边工作边旅行的工作假期签证的持有者而言的，这种火车通票和北海道的火车通票一样，可以毫无限制地乘坐JR北海道的普通列车和急行列车，甚至连特急列车的指定席位都可以无限制地乘坐。

通票种类		价格
JR北海道劳务旅游通票	三天时间	19540日元
	五天时间	23140日元

允许使用范围

与北海道火车通票相一致。

购买方法

在札幌、旭川、函馆、钏路、带广、网走的JR旅行中心（Twinkle Plaza）以及JR札幌站西边的出入口和新千岁机场站的旅行咨询处可以购买。

JR通票 Japan Rail Pass

北海道通票是指可以乘坐北海道和日本全境的所有JR列车（不过新干线希望号列车除外）以及部分JR高速汽车的一种通票，虽然北海道通票在游览北海道以外的日本其他地区的时候比较有用，但是如果你计划只在北海道使用，那么还是使用“北海道自由乘车券”比较好。

通票种类	等级	价格
连续7天（7Days）	普通汽车（Ordinary）	29110日元
	新能源汽车（Green Car）	38880日元
连续14天（14Days）	普通汽车（Ordinary）	46390日元
	新能源汽车（Green Car）	62950日元
连续21天（21Days）	普通汽车（Ordinary）	59350日元
	新能源汽车（Green Car）	81870日元

6~12岁儿童半价

允许使用范围

- 日本JR所属的所有列车路线的特急以及急行自由席位和指定席位（不过不允许乘坐东海道新干线的希望号列车）。
- 除了部分区间以外的JR高速汽车。
- 可以乘坐夜间列车的指定席位。不过乘坐卧铺车厢的时候需要支付卧铺费用（6300日元）；在乘坐只有卧铺车厢的夜间列车的时候需要支付卧铺费用和特急费用（例如，东京—札幌区间的仙后座号列车和北斗星号列车，大阪—札幌区间的曙光号列车）。

购买方法

- 可以在本国的旅行社购买兑换券，不可以在日本当地购买。
- 在日本全境的主要JR站和JR旅行中心将兑换券兑换成通票。

日本的列车种类

日本的列车根据运行形态的不同分为普通列车、快速列车、特快列车和特急列车以及新干线列车。

虽然快速列车和特快列车与普通列车差不多，但是快速列车和特快列车主要是在上下班的时间段运行，因此它们只在一部分站停车。

特急列车是将主要城市之间连接起来运行的一种火车，这种列车配备着普通列车和快速列车以及特快列车无法比拟的舒适的座位，而且夜间的特级列车还有卧铺车厢。座位分为只要有空座就可以随便坐的自由席位和只有事先预订好的人才能坐的指定席位，而且新能源列车也分为自由席位和指定席位。

日本火车票的种类

日本铁路公司（JR）的火车票具体分为火车票、自由席位特急车票、指定席位特急车票、新能源列车车票。

为了简明扼要地说明火车票的种类就以从A到B的行驶区间为例，火车票是指可以乘坐从A到B的普通和快速以及特快等级列车的一种车票，如果A和B的距离较远，那么考虑到所需时间的问题和换乘列车等事情的烦琐，应该乘坐特急列车，乘坐特急列车购买火车票和自由席位特急车票或者指定席位特急车票就可以了，同样地如果想要乘坐从A到B的特急列车的一等座新能源列车，那么购买新能源列车车票就好了。

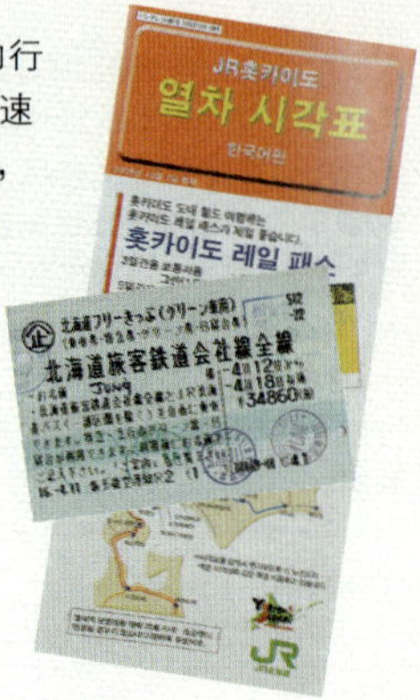

ようこそ
ぜるぶの丘へ